プロが実践する投資戦略

ポートフォリオ・マネジメントで一生お金に困らない人になる！

㈱ミッション・ミッケ人生デザイン研究所 代表取締役
高衣紗彩

すばる舎

ポートフォリオ・マネジメントで一生お金に困らない人になる！　目次

第1部 「幸せな経済的自立」を目指そう！

第1章 FIREのメリットとデメリット

第2章 経済的自立後の人生を設計する

第2部 ポートフォリオ・マネジメントを始めよう！

第6章 成功する投資【基礎知識編】

第7章

成功する投資【投資理論編】

第8章

成功する投資【ポートフォリオ・マネジメント実践編】

第9章
経済・金融市場の見通しを立てる

第10章
やってはいけない！　投資の落とし穴

プロローグ

昨今、新ＮＩＳＡの開始などに影響を受けて投資を始めたものの、あまり成果が出ていない、または、大事な資産を溶かしてしまった、という話をよく耳にします。

本書は、そんな袋小路にはまり「こんなはずじゃなかった、今持っているものはどうしたらいいの？」と迷っていたり、「やっぱり自分に投資は向いていない」と諦《あきら》めていたりする、個人投資家のみなさんにぜひ読んでもらいたいと思って書きました。

個人投資家も知っておくべきプロの投資法

私はいわゆる「機関投資家」向けのファンドのマネジャーとして、20年以上にわたって投資先企業の財務分析をしたり、マクロ経済の分析をしたり、あるいは４０００億円規模の資産のリスク管理などを行ってきました。その「資産運用のプロ」としての視点から、一般の個人投資家の方や、これから投資を始めようと考えている投資初心者の方々に、ぜひとも知っておいてほしいことを詰め込んだのが本書です。

それは、**日本人がほとんどやっていない「ポートフォリオ・マネジメント」を資産運用に導入することです**。このポートフォリオ・マネジメントという概念をもっと身近に感じてもらい、最終的には「経済的自立」を目的とした資産運用に取り入れてもらうことを目的としています。

読み終わったとき、みなさんはプロが行っているポートフォリオ・マネジメントという手法の全貌《ぜんぼう》を理解し、実際に自らの運用にも取り入れられる状態になっているでしょう。そのために本書は、第1章から順序立てて理解していただけるよう構成しています。

投資の上級者を自認される方の中にも、投資理論を完全に理解していなかったり、さまざまな人からさまざまな手法を学び、幕の内弁当のように部分的に取り入れてしまったりして、知らず知らずのうちに、資産が増えていかない投資をしている方は少なくありません。上級の方も、ぜひ順番どおり読み進めていただければと思います。

「経済的自立」とは、お金持ちのことじゃない

本題に入る前に、みなさんに質問があります。

「経済的自立（経済的自由）」と聞いて、何を思い浮かべますか？

南国の島での気ままな生活、豪華客船での世界一周旅行、高級車を乗り回して、気が向いたら一流レストランで食事、資産家、ビジネスに成功した大富豪、一攫千金《いっかくせんきん》を得た幸運な人――いずれにしても「お金持ち」を連想するのではないでしょうか。

しかし、**経済的に自立しているということは、お金持ちになることではありません。贅《ぜい》沢三昧《たくざんまい》の生活を送ることでもありません。私たち普通の一般人でも、十分、達成可能なこと**です。

これをきちんと理解していただくために、最初に「経済的自立」の定義を明確にしたいと思います。

経済的自立とは、

パッシブ収入で毎日の生活がまかなえる状態にあること

または、

パッシブ収入が現在のアクティブ収入を上回ること

と定義します。

パッシブ収入とは、受け身で得た収入のこと。すなわち「資産収入または投資から得られたリターン」のことです。

アクティブ収入とは、能動的に動いて得た収入のこと。すなわち「働いて得た収入のこと」です。

日本では、それぞれ不労所得または資産所得、労働所得または勤労所得という言い方が一般的です。しかし、投資の収益が不労所得というのは、大きな誤解を招く間違った呼び方だと思います。本書では英語圏の言い方にならって、投資や資産から得た収入をパッシブ収入、勤労収入をアクティブ収入と呼ぶことにします。

「パッシブ収入で毎日の生活がまかなえる状態にある」とは、投資のリターンだけで生きていける、それだけの資産を構築している状態です。

たとえば資産が7000万円になったとして、年率6％で投資のリターンが得られれば、毎年投資から420万円が入ってくることになります。これは、税込420万円の年収があるのと同じです。この年収があれば日々の生活には困らない、という状態であれば、もう立派に「経済的自立」を果たしたことになります。

また「パッシブ収入が現在のアクティブ収入を上回る」ということは、働かなくても暮らしていけることを意味します。

FIREに潜んだ「罠」にご用心！

ここ数年、FIRE《ファイア》という言葉が流行《はや》り、FIREを目指す人が増えてきました。FIREとは、経済的自立（Financial Independent）と早期リタイア（Retire Early）を意味します。そして、パッシブ収入がアクティブ収入を上回った時点で、FIREが可能というわけです。

しかし、2023年あたりから、「一度はFIREをしたけど、卒業した」という声も耳にするようになりました。卒業したと言えば聞こえはいいですが、結局、投資がうまくいかず、パッシブ収入だけではやっていけなくなり、また働き始めた、というのが実情のようです。

FIREにもFIRE卒業にも、さまざまな形や事情があるでしょう。とはいえ共通しているのは、いつどの時点でFIRE可能なのか、その見極めを誤って早計に退職してしまったケースがかなりあるらしいことです。

一般的に、FIREできる基準は、年収の25倍の資産を持つことだと言われています。年収が300万円であれば7500万円です。7500万円に毎年平均して年率4％のリターンを確保できれば、300万円のパッシブ収入となり、アクティブ収入と同額になります。

世界の株式市場に分散投資をした場合、過去30年のリターンの平均は年率6~7%なので、4%というのは実現不可能な数字ではないでしょう。

しかし、このような計算をすることなく、あるいはリターンの年率を甘く見積もってしまい、その結果、早々に会社を辞めてしまったことを後悔する人が少なくありません。

FIREには、こういった過《あやま》ちをおかしてしまう、いくつかの「罠」がありますから注意が必要です。

【罠1】ここ数年のパフォーマンスが「通常」だと思っている

ここ数年、株式市場、特に米国の株式市場の上昇率は異常でした。年率10%近いリターンを確保し、2021年には30%に及びました。年率10%で回せたら、資産3000万円あればリターンは年間300万円。このような状況がずっと続くと安易な仮定をして、退職してしまうケースがあります。

しかし、ここ数年が異常なのであって、あなたが老後を迎えるまでこの状況が続くと考えるのは、現実的とは言えません。「ここ数年が異常値」という知識がなかったために、間違いをおかしてしまっているケースです。

【罠2】「年率4％のリターン」の意味を取り違えている

年間4％で回せたら、と言うときのリターン数値は「年平均」です。年平均とは、何年か投資をしてみて、5年間で20％上昇したなら、5年間の年平均のリターンが20／5＝4％という意味です。正確には1／5乗しますが、ここでは計算を簡単にするために5で割ります。

現実の世界では1年目に10％下がるときもあれば、20％上がるときもあります。毎年安定的に4％のリターンが約束されているわけではない、ということです。そのため安易にFIREをすると、原資を取り崩しながら生活することを余儀なくされます。

【罠3】「FIREした！」という事実が気を大きくさせる

FIREを達成し、経済的自由を得て仕事を辞められたと自覚すればするほど、財布の紐《ひも》が緩《ゆる》むのが人間というものです。

年収はそれまでと変わらないのに、急にお金持ちになったような気がして気が大きくなり、金遣《づか》いが荒くなってしまう。気づくと、リターンを大きく上回る支出になり、原資を取り崩すようになり、毎日残高が減っていく人生になってしまった。このままだと原資もいつか枯渇《こかつ》する。そのため、再び働き始めた……。そんなケースも少なくないようです。

いくら資産があったら安心して暮らせるのか

ＦＩＲＥをするということは、金融市場に自分の全収入の多寡《たか》が依存する、つまり、不確かなものに自分の生活が依存する、そのような人生を選択するということです。寝ても覚《さ》めても市場の動きが気になってしまい、「これなら会社勤めのほうが気楽でよかった」「ＦＩＲＥしたほうがストレスフルだ」という人が少なくありません。

ＦＩＲＥを目指した目的――会社勤めのストレスから解放され、毎日気ままにやりたいことをやって過ごす――が果たせるどころか、心の安寧《あんねい》という意味では、むしろ後退しているように感じることと思います。

では、安心して毎日を過ごすためには、いくらあればよいのでしょうか？

それは、人によって異なります。必要金額ギリギリでも安心できるのか、必要金額の10倍くらいないと安心できないのか、株式市場の下落幅が何％までなら耐えられるのか、などにもよるからです。

本書ではのちほど、あなたの価値観と生活スタイルから、あなたが経済的自立を実現するにはいくら必要なのかを算出していきます。

ただしこの算出をしても、実際に急落相場を体験すると、ここまでなら大丈夫と頭で考えていた水準よりかなり上の価格なのに、恐怖やストレスを感じるということもよくあります。人間の特性として、損失の痛みは得をした喜びより大きく感じるからです。10億円あっても30億円あっても、まだ安心できないという富裕層も少なくありません。

これは行動経済学のプロスペクト理論で明らかになっていることですが、人間は形あるもので豊かさを感じようとすると、豊かさを感じる水準がどんどん上昇していきます。手に入れて時間がたつと、最初は嬉しかったはずの量・質のものでは、豊かさを感じられなくなっていくのです。そのため、際限なく求め続けることになります。

どんなにお金を持っていても、仮にＦＩＲＥをしたとしても、人は安心して暮らすことはできないのです。

ＦＩＲＥではなく、バリューＦＩＲＥを目指そう

では、お金の不安もなく、幸せに暮らすにはどうしたらいいのでしょうか。

私が提唱するのが、経済的自立を達成するけれどリタイアせず、価値を感じる仕事を楽しみ続ける「**バリューFIRE**」という生き方です。ＦＩＲＥが、経済的自立と早期リタイアを意味するのに対し、バリューＦＩＲＥでは**経済的自立を遂《と》げたうえで、生涯現役で仕事を続ける喜びを享受《きょうじゅ》し続ける**ことを目指します。

早期リタイアを夢見ていた人は、「せっかく経済的に自立したのに、まだ働かなきゃならないの⁉」と驚くかもしれません。

ですが落ち着いて、あなたが資産を構築したい理由を考えてみましょう。「いつまでも、幸せに人生を過ごしたいから」という方が大半だと思います。資産をつくることが目的ではなく、安心して幸せな人生を過ごしたい。そのために、資産をつくりたいのだと思います。「資産はつくれました、でも不幸せです」となっては本末転倒です。お金などの有形資産は、先ほどお伝えしたとおり、増え続けていかない限り永続的な幸せはもたらさないことがわかっています。お金とは、幸せをもたらすものではなく、あることで不幸せにならないものなのです。

ＦＩＲＥが達成できても、その後の生活で「毎日すること」があなたに幸せをもたらさなければ、お金がいくらあっても幸せな人生を歩んでいくことはできません。ＦＩＲＥを目指すのは、あなたの目的——安心して幸せな人生を過ごしたい——にかなっていないことになります。

では、目的にかなう人生とは、どのような人生でしょうか。ここで、覚えていただきたい人間行動学上の真理があります。

人間は「今やっていること」に価値を感じているとき、幸せを感じます。

そのため、価値を感じることを仕事にする。若いうちは、こちらを第一優先にして人生設計を立てましょう。

仕事で得た「無形の資産」（知識・スキル・経験）は、一度身につけたら失われることはありません。むしろ、続けていくことで技術力は向上し、その道のプロフェッショナルになっていきます。あなたの「稼ぐ力」となり、生涯あなたを助けることになります。時の経過とともに幸せ度は高まっていきます。「有形の資産」では、時の経過とともに幸せ度が低下していくのと真逆です。

この「人間の本質」を理解したら、自分の人生をどうデザインしていったらいいのかが見えてきます。

自分がやっていて幸せを感じる仕事。そんな仕事に就いていたら、早期リタイアしたいと思うでしょうか。仕事を愛している人は、みな最後の最後まで、命が果てる直前まで仕事をしています。聖路加病院の元院長・日野原重明さんしかり、俳優の森光子さんしかり。アーティストや、ビジネス界においても、そのような方を挙げたらキリがありません。

人間は、やっていて幸せだと思うことがあったら、それを死ぬ直前までやり続けたいと思うものです。さらにその活動を通じて報酬がいただけるとなったら、もう辞めようという考えにはなりません。ましてや人生100年時代、80代になっても90代になっても元気に仕事をしている人は、引退して縁側でお茶を飲んでいる同年代の方から羨《うらや》ましがられています。

実際に早期リタイアしたら、想像したものとは異なる現実が待っています。だから、FIREを卒業する人が後を絶たないのです。

アクティブ収入がもたらす3つのメリット

本書では、経済的自立を遂げたうえで、仕事を辞めない、仕事は死ぬ前日までやり続ける、そんな人生を設計し、歩んでいくことを提唱していきます。

そのために、

・自分がやっていて幸せを感じることを仕事にする

・プロのポートフォリオ・マネジメントを活用して、上がった報酬を賢く守り、増やす

以上をオススメします。

実際に「経済的自立を達成し、幸せを感じる仕事をする」バリューFIRE生活に入ってみると、すこぶる心地よく、本当にストレスフリーな人生が手に入ることがわかります。

私が学長を務める人生デザイン構築学校®では、670名を超える方々が、バリューFIREの道を選び、幸せに人生を送っています。

その根拠は、以下の3つです。

①心の安寧が得られ、お金のストレスがなくなります。毎月アクティブ収入があって、しかもパッシブ収入も入ってくる、すなわち一人で「ダブルインカム」の状態になるのです。先ほどの例で言うと、300万円のアクティブ収入と300万円のパッシブ収入が

あり、合計600万円の収入になります。この状態になったときの心の安寧を想像してみてください。大きな安心感を得られるのではないでしょうか。

②300万円だけで生活をし、投資のリターンであるパッシブ収入を全額再投資していけば、複利の効果で投資効率はますます上がります。複利の効果は、雪だるま式に資産が増えるイメージをするとわかりやすいでしょう。7500万円が生み出した300万円は、次の年には7800万円となり、その4%の312万円が増加して8112万円になります。これをまた全額投資すると、3年目には8436万円になるのです。増え方が加速していくのが実感いただけると思います。

③仮に、アクティブ収入の300万円から、いくばくかでも追加投資ができるなら、資産の増え方はさらに加速します。

資産を構築するには、なるべく途中で投資をやめないこと、すなわち「引き出さない」ことが重要です。複利の効果を最大に享受するためです。その年が終わってみるまで、投資のリターンがいくらになるかわからない（不確定な）状況において、引き出さなくてよい仕組みをつくることはとても重要です。

これが可能となるのは、ひとえにアクティブ収入があるおかげです。ＦＩＲＥで早期リタイアしてしまえば、投資リターンの３００万円は毎年引き出して使うことになります。

一方、仕事を続けていれば、この３００万円はまるまる再投資できるのです。

バリューFIREで幸せな老後が待っている

バリューＦＩＲＥによって、老後はどんな人生になるか想像してみてください。

死ぬ前日まで資産が増え続ける、この状態がつくれていることが、どれだけ安心か。今この瞬間をストレスフリーで楽しむことができるでしょう。

ちまたでは、死ぬときに資産が残っていてもしょうがない、死ぬときにゼロになるように、うまくタイミングを図って取り崩していこう、との主張が広く受け入れられています。

やりたいことを諦めて、あくせく貯めるだけの人生を送るよりも、使ってしまったほうがよい、との意見にはうなずける部分もあります。

しかし、取り崩すタイミングはどのように決めるのでしょうか？

仮に、75歳で取り崩すと決めたとして、そこから毎年取り崩していく生活を想像してみてください。資産は日に日に減っていくのです。

プロスペクト理論を思い出してみましょう。損失の痛みは、同額の利益の喜びより大きいのです。日々減っていく数字を眺めるのは、損失を被ったときと同じ痛みをもたらします。

仮に95歳で死ぬ計画だったとして、90歳を超えた時点でピンピンしていたら、どんな気持ちになるでしょうか。あと5年で資産がなくなる。96歳まで生きたらどうしよう。なんなら100歳まで生きたらどうしよう。……90歳を過ぎて、そんな心配をすることになります。

自らがこの世を去るタイミングを予知できる人はいません。95歳でとか、97歳でとか、その仮定には根拠がなく、このモデル自体に無理があるのです。

だからこそ、**死ぬときにゼロにするのではなく、死ぬ瞬間まで資産を増やし続ける。これが、生涯幸せに安心して生きるためのカギになります**。

「人間の本質」というものをしっかり理解していたら、自然にこの結論にたどり着きます。

それでは、「心の底から安心と幸せを感じる人生」にしていくための戦略を練り、実行していく旅に出発することにしましょう。

第1部

「幸せな経済的自立」を目指そう！

第1章

FIREのメリットとデメリット

早期リタイアは本当に幸せか？

プロローグで、「早期リタイアしても幸せな人生を歩めるとは限らない」というお話をしました。そうは言っても、「やっぱり早期リタイアにあこがれる！」という読者の方は少なくないと思います。そこでまず、あなたのケースではどうなりそうなのかを、詳しく見ていきましょう。

早期リタイアのメリットを考える

人間は、自分の望みを自分で明確にわかっていない生き物です。

早期リタイアをなんとなく魅力的に感じている方は、どこが魅力的なのかを確認してみましょう。

なぜ、このようなまわりくどいことを言うかというと、早期リタイアに憧れて資産運用を始めるのと、別の理由で始めるのとでは、投資行動に違いが生まれて、中長期的な運用成績に影響を与えるためです。どのような影響があるかは、おいおい解説していきます。
まずは、あなたにとって早期リタイアすることのメリットを書き出してみてください。

あなたにとって早期リタイアすることのメリット

1
2
3
4
5

いかがでしょうか。ちなみに、一般的には次のようなメリットが考えられそうです。

・イヤな仕事を辞められる
・時間に追われなくなる
・満員電車に乗らなくて済む
・イヤな上司に気を使わなくて済む

これらは、仕事を辞めることで避けられる「イヤ・不快」ですね。

・毎日好きなことをして暮らせる
・毎日が休みのようになる
・時間的／経済的自由が手に入る

これらは、仕事を辞めることで手に入る「快」ですね。

今の仕事を辞めることで「不快から解放され、快が手に入る」、そのように認識しているため、早期リタイアが魅力的に感じます。

早期リタイアのデメリットを考える

では次に、早期リタイアすることの、あなたにとってのデメリットを考えてみましょう。

早期リタイアのデメリットなんてあるのか、と思うかもしれません。ですが、この世の中は、常にどこを切り取っても陰陽《いんよう》のバランスが取れています。そのため、どの選択肢を取っても、メリットとデメリットの両方が存在するのです。

たとえば毎日が休みだったら、毎日昼間からビールを飲んで、身体がぶよぶよになってしまうかもしれません。仕事を辞めたら新しく挑戦する機会がなくなり、もっと活躍できたはずの世界線を失ってしまうかもしれません。人間関係が希薄になり、家に引きこもりがちになってしまうかもしれません。

このような感じで、あなたが考える早期リタイアのデメリットを書き出してみましょう。

あなたにとって早期リタイアすることのデメリット

1 ＿＿＿＿

2 ＿＿＿＿

3 ＿＿＿＿

4 ＿＿＿＿

5 ＿＿＿＿

どのようなデメリットが出てきたでしょうか？

仕事柄、私の前職時代の同僚には早期リタイアする人が多くいたため、その人たちの

「その後」の事例をたくさん知っています。中には「じゃーね、みんな仕事頑張ってねー」と南の島に移住した方もいます。しかしなんと、その彼と数カ月後に、東京のど真ん中で偶然はち合わせしたのです。彼はビシッとスーツを着込んでいました。話を聞くと、

「ハンモックに揺られているのは3週間が限界。3カ月もやっていたら、退屈すぎて生きている気がしなかった」

とのことでした。充実感、生きている醍醐味《だいごみ》――そういったものがなかったのでしょう。彼は1年もたたずに東京に戻り、新たなビジネスを自分で立ち上げました。今は忙しくビジネスをしています。経済的にはもう働く必要はないにもかかわらず、です。

「何か価値を感じることをしている」人生でなければ、「何をしてもいい自由」を手に入れても、幸せは感じないのです。人は「生きる意味」「人生の目的」「目指すもの」がなければ、充実した毎日を送れないことがわかります。

私たちは通常、ある事柄のメリットのみ、デメリットのみを認識しています。事象《じしょう》の片側半分しか認知していないのです。これを、心理学用語で「認知の歪《ゆが》み」と呼びます。歪みという言葉は、ちょっと聞き捨てならないかもしれませんが、全貌《ぜんぼう》の半分だけしか見えていないよ、全部は見えていないよ、という意味になります。

何かを選択する際、メリットとデメリットの両方があることを知っていれば、デメリットが見えたとき幻滅することはありません。早期リタイアに憧れている人ほど、真実を見るためにそのデメリットを考えることが必要です。

人間行動学と脳科学から見る早期リタイアのデメリット

ここで人間行動学や脳科学の観点から、早期リタイアが人間にどのようなデメリットをもたらすのかを見てみたいと思います。人間の本能や無意識、脳のつくりからくる影響なので、個人差はあまりありません。ほぼ誰もが次のような影響を受けます。

・単調な生活、考えない生活、悩まない生活で脳が萎縮《いしゅく》する
・肩書きで人から敬《うやま》われないため、ただの「お金だけ持っているオジさん／オバさん」になり、そんな自分を受け入れられない
・自分を敬わない若者などに怒りっぽくなる（モンスターじいさん／ばあさんへの道）
・資産を取り崩す生活なので、いくらあってもお金の不安から逃れられない
・今後資産が増えていくかどうかは相場動向に左右されるため、心の安定が得られない

人間は「生きる意味」がほしい生き物です。なぜ自分はこの世に生を享《う》けたのか。自分が生きる意味や目的を見つけて、そのために生きたい。私たちの魂《たましい》はそう叫んでいる気がします。早期リタイアをすると、それに気づくのです。

私たちは「何をしてもいい」という「自由」が手に入ったら、さぞかし幸せな毎日だろうと思いがちですが、実は人間が欲しているのは、何か意味が感じられる人生です。

仕事を辞めたいと思うのは、今の仕事に意味を見出せないからではないでしょうか。意味が感じられない仕事に長時間拘束されていることがイヤなのであって、仕事をすること自体がイヤなわけではないと思います。

早期リタイアをすると、「不快」からは逃れられるかもしれません。しかし、それが本当に自分の求める人生なのかには疑問が残ります。自由が手に入ったからといって、生きている意味が感じられない毎日を過ごすのでは、幸せを感じられない。それが人間です。

人は早期リタイアすると、「**自由を求めていたわけではなかったのだ。自由になったときに熱意をもってできること、夢中になれること、それを探していたんだ**」と気づくのです。

早期リタイアによって手放すもの

また、早期リタイアには次のようなデメリットも考えられます。

早期リタイアをしたら、今持っているものの中から手放すものが出てきます。

たとえば大きなプロジェクトをチームで成功させた喜び、達成感、そのときに培《つちか》われた絆《きずな》・友情、限界を超えたときの爽快感《そうかい》、新たについた自信、成長しているという実感、無理だと思っていたことに挑戦する喜び、お客さんに感謝される喜び、頑張った証《あかし》としてもらう報酬の喜び――。これら「働くことの喜び」は、仕事からリタイアしたら得られなくなってしまいます。

確かに人間関係の煩《わずら》わしさからは解放されるかもしれません。しかし、それに向き合うことを通じて、自分とは違う考えの人を受け入れられるようになったり、試練を乗り越えることで、「成長の機会」を得られたりすることもなくなります。

自分の才能を発揮する舞台もなくなります。人を引っ張る力がある、細部に目が行き届く、前もってリスクに考えが及ぶ、想定外の事態に動じず対応できる、などなど、私たちは誰もが社会に提供できるたくさんの才能・天才性を持っています。これは気づいている、いないにかかわらず、誰もが持っているものです。

才能を発揮できたときの喜びは、何ものにも代えられませんよね。ましてや、それで喜んでくれる人がいたら、本当に生きていてよかったな、と心の底から思います。

早期リタイアしたら、そのような世界からも遠ざかることになります。上司がイヤ、同僚がイヤ、長時間の拘束がイヤ……。イヤなことで心がいっぱいだと、仕事をしているからこそ受け取っている何事にも代えがたいもの、あるいは、早期リタイアにつきまとうこれらのデメリットにはまったく気づくことができません。

ここまでで、あなたにとっての早期リタイアのメリット、デメリットが把握できたと思います。プラスマイナス両方を認識したうえで、**自分は本当に早期リタイアを望んでいるのか、一度立ち止まって考えてみていただければと思います。**

早期の経済的自立は幸せか？

ＦＩＲＥの中のＲＥ＝Retirement Early（早期リタイア）については、必ずしも幸せな人生にはならない可能性があることが見えてきました。

ここからは、ＦＩにあたるFinancially Independent（経済的自立）についても、あなた自身のメリットとデメリットを確認していきます。

早期に経済的自立をするメリット

早期に経済的自立をするメリットを考えてみましょう。ここでは、仕事は辞めない前提で考えてください。

1

2

3

4

5

どのような答えが出たでしょうか。

たとえば、次のようなメリットが考えられます。

・仕事が「しなければならないもの」から、「したいからするもの」に変わる

↓イヤな仕事は断ることができる
↓本当にやりたい仕事だけを選べる
↓働きたい時間も自分で選べる可能性が出てくる
↓一緒に働く人を選べる
↓人間関係のストレスが減る

・将来のお金の不安が消える

↓イライラしなくなる
↓住宅ローンの重圧から解放される
↓家族や人に優しくなれる
↓親孝行できる
↓人間関係が良好になる
↓仕事に集中できる

・アクティブ収入が入り続けるから、パッシブ収入はすべて投資にまわせる
↓複利の効果で、投資による資産増加ペースが加速する
↓老後も税金を払い続けることで自己肯定感が上がる
↓老後も社会とのつながりを維持できる
↓いつまでも若々しくいられる

早期に経済的自立をするデメリット

同じように、あなたにとって早期に経済的自立をすることのデメリットを考えてみましょう。ここでも、仕事は辞めない前提で考えてください。

1
2
3
4
5

いかがでしょうか。

すでに経済的には必要なお金は確保されているので、仕事へのモチベーションが低くなるかもしれません。ちょっとイヤなことがあると、「だったら辞めるからいいよ」とストレス耐性が弱くなることも考えられます。

それ以外には……デメリットはあまりなさそうですね。


ここでは、経済的自立以外の状況を同じにして比較するために、仕事を辞めない前提でメリットとデメリットを出しました。仕事を辞めた場合のメリットとデメリットは、早期リタイアしたときのものと同じになります。

経済的自立後の働き方は、辞めるか辞めないかの二択ではなく、さまざまな選択肢があると思います。1日数時間だけ働く、1週間に数日だけ働く、逆に、大好きなことを仕事にして、オンオフの切りかえなく、遊んでいるように常に仕事をすることもできます。

働き方の選択肢が広がることも、早期に経済的自立をするメリットに加えられそうです。

早期に経済的自立した人たちのその後

実際に経済的自立をした人たちは、人生を謳歌《おうか》しているように見えます。

私の友人の一人は、会社を立ち上げ、やりたいことだけをしています。やりたい仕事しかしないので、いつも楽しそうです。楽しそうなので、多くの人が集まってきて、いつもたくさんのクライアントさんでにぎわっています。経済的自立を達成する前より、商売は繁盛しています。

また別の友人は、旅が大好きで、よく旅に出ています。日本中、世界中のクライアントさんの元を訪れ、旅をしながら仕事をする生活をしています。彼女の場合、旅をすることそれ自体が仕事になっているので、旅の費用も経費で落ち、ますます豊かになっています。

想定されるデメリットで挙げた「働くことへの意欲低下」は、私のまわりの人たちに限っていえば、低下するどころか、逆に高まっている例が散見されます。

そして何より、みなさん仕事が楽しそうです。ワークライフバランスなどどこ吹く風といった感じで、仕事と遊びの境目がなくなっている感じです。次はあれをやってみようと、新たなインスピレーションもたくさんわいてきて、目が少年少女のようにキラキラしています。やりたい仕事だけやっていたら、それは当然かもしれませんね。

経済的自立をして、かつ仕事を続けている人（バリューFIREした人）で、不幸せになっている人はほとんど思い浮かびません。

ここまでをまとめましょう。

早期リタイアをして悠々自適の生活を送ることになっても、幸せな人生になるとは限りませんが、経済的自立後にも仕事を続けている場合には、より幸せな人生になる可能性が高いということがわかってきました。

あなたが行ったワークでは、どんな結果が出たでしょうか。早期リタイアを手放しで魅力的に感じていた状態から、必ずしもそうではないらしいと、冷水《ひやみず》を浴びせられたような気になった方もいるでしょう。

幸せな人生は、経済的自立をしただけでは得られません。その後の時間をどのように過ごすかによって、幸せの度合いは大きく変わってくるのです。

第2章

経済的自立後の人生を設計する

幸せな経済的自立か、不幸せな経済的自立か

この章では、経済的自立を達成したあと、あなたの選択によって人生がどのように変わるのかを詳細に見ていきます。どのような選択をするとより幸せになるのか、どのような選択だと逆に不幸せになってしまう可能性があるのか、具体的に確認してみましょう。

不幸せな経済的自立——資産の取り崩しは不安を増大させる

まず、経済的自立後に不幸せになる可能性として考えられるのは、第1章でも少し触れた、「完全に悠々自適の生活に入るケース」です。

投資活動も一切しないケースを考えてみましょう。投資をしないので資産は増えることはなく、今ある資産を食いつぶしていく人生になります。増えなくても一生困らない資産があれば大丈夫なのではと思うかもしれませんが、実際には人間はいくらお金があっても、それが減っていくだけの状況に置かれると不安を感じるものです。

世の中の大富豪と言われる方たちは、それこそ家族全員で3回転、またはそれ以上の回数の人生を送ってもあり余るほどの資産を持っています。しかし、まだまだお金儲けに執着している人が多いです。

世界でもトップクラスの超大富豪が知人に漏らしたとされる逸話があります。なんと彼は、「今ある資産が将来なくなってしまわないか、とても不安なんです」と漏らしたそうです。

実際、私にも資産10億円以上のビリオネアと呼ばれる友人・知人が数多くいますが、彼らの中にも不安と隣り合わせで生きている人が少なからずいます。一生食うに困らないだけのお金を手に入れたからといって、不安から逃れられるわけではなく、お金というものは、精神的に成熟しない限り、いくらあっても不安なのです。

むしろ「持つことによって」、それを「失う不安」は増大していきます。ましてや、資産が毎日取り崩されていく状況では、常に不安で仕方がない状態になってもおかしくありません。

それにもかかわらず、いま巷間《こうかん》でよく取り上げられている生涯のマネープランは、ある年齢までに資産をつくって、「隠居《いんきょ》生活」に入ったらその資産を日々「取り崩して」生活するという前提でつくられています。「95歳まで生きると仮定して」つくったモデルです。

そんなライフプランを実践し、93歳になってまだピンピンしていたら、どうなるでしょうか？　「あと2年で資金は枯渇する。今さら働きになんて出られない。95歳を過ぎても生きていたら、どうしよう」と、年を一つ取るたびに不安が増大していきます。

「取り崩し生活」に耐えられるだけのメンタルの強さを持っている人は、そうはいないと思います。私自身もそんな90代を送りたくはありません。

幸せな経済的自立――一生投資を続けて資産を減らさない

どうしたら、経済的自立を達成したのちも、不安を感じずに幸せに生きられるのでしょうか？

資産を取り崩していくから不安になるのですから、資産を一生、取り崩さなくてもいい状態を構築すればよいのです。言い方を変えれば、**資産が「永遠に」安定したペースで「増え続けていく仕組み」をつくる**ことです。

減る一方ではなく、毎年少しずつでも増える状態であれば、不安に駆られることはありません。生きれば生きるほど資産が増えるわけですから、いくら長生きしても安心です。

そのためには、「永遠に」投資を行うことが必要です。投資の神様と言われるウォーレン・バフェットは1930年生まれですでに90歳を過ぎていますが、ますます元気に第一線で投資活動を行っています。彼のパートナーのチャーリー・マンガーも99歳で亡くなるまで投資を続けていました。

そもそも経済的自立とは、前述したように以下の状態にあることです。

・パッシブ収入（資産収入）で毎日の生活がまかなえる状態にあること

または、

・パッシブ収入が現在のアクティブ収入（勤労収入）を上回ること

今得ている収入と同額かそれ以上が、投資のリターンでまかなえる状態です。働かなくても最低限「今の生活」を守ることができる、そんな資産収入を持つことを意味します。

結論として、経済的自立を達成したあとも不安に駆られず、安心して幸せに生きていくためには、一生投資をして、一生資産が減らない状態、または資産が増え続けていく状態をつくることが必要と言えるでしょう。

経済的自立後に「資産が減らない」状態をつくる

資産が減らない状態をつくるのは、投資をしっかり勉強して管理をしていけば、さほど難しいことではありません。

プロローグでは投資リターン4％で回せた場合を考えてみましたが、ここではより現実的に、7000万円の資産を持つ人が年率平均6％のリターンを確保できたらどうなるか、というケースを考えてみましょう。

7000万円を投資して年率平均6％のリターンが確保できたら、税込420万円の年収があることと同じです。であれば、年間420万円でまかなえるライフスタイルを送っていれば、7000万円の資産はずっと減らさずに維持することが可能です。

投資のリターン内で生活をすれば、資産を取り崩さずにパッシブ収入だけで生きていけるわけです。将来お金が減っていって、最後の最後に足りなくなるという不安を持たずに生きていくことができます。

420万円という年収では、毎日ホテルや高級レストランで食事をして、豪華客船に乗って世界中を旅することを楽しむ、といったぜいたくはできないかもしれません。しかし、パッシブ収入で毎日の生活費をまかなえていますから、しっかり経済的自立をしていると言えます。

年平均6％のリターンを得る投資成績を上げることは、そう難しくはありません。なぜなら、年平均6％というのは、世界の先進国株式の過去30年の平均リターンだからです。インデックス投資を30年間していたら（取るリスクと分散の度合いにもよりますが）、それだけで達成できる数字です。

投資のリターンは年平均なので、実際には毎年6％のリターンを得られるとは限りません。年によってこれを上回ったり下回ったりしますが、上回ったときに多く獲得したリターン分を再投資していけば、下回ったときの不足分を補うことができます。

今ある資産を増やしはしないが減らしもしないで、残りの人生を投資のリターンだけで生活していくことは、十分に実現可能性の高い計画なのです。

経済的自立後も「資産が増えていく」状態をつくる

では、資産を増やしていくには、どうしたらよいでしょうか。

いくつかのパターンが考えられるでしょう。

年平均6％のリターンを維持し、420万円の支出が変わらなければ、資産総額が7000万を超えた時点で資産は増えていきます。

あるいは、資産総額がもともと7000万円あり、420万円の支出が変わらなければ、リターンが6％を超えた場合に資産総額は増えていきます。

また資産総額が7000万円で、リターン6％が変わらなかったとしたら、支出が420万円を下回った場合でも増えていきます。

資産総額が少しでも7000万円を超えたら、超えた分がさらに複利でリターンをもたらすので、増え方はどんどん加速していくでしょう。

このケースだと、7000万円という資産をつくることができたら、経済的自立後に追加で資産を投じなくても、パッシブ収入だけで生活をし、なおかつ資産を増やしていくことが可能です。

実は誰にでもできる経済的自立

「そもそも資産7000万円なんてつくれないよ」と思われるかもしれません。安心してください。毎月2~3万円を投資に回し、年平均6%のリターンが見込める投資手法を選び、そこにちょっとの工夫を加えることで、30代や40代の方であれば定年前にこの金額を達成することが十分可能です。「ちょっとの工夫」については、あとで詳しくお話しします。

ここまでで、**経済的自立とは大富豪のような生活をすることではなく、「投資のリターン(パッシブ収入)で勤労収入(アクティブ収入)をまかなう」状態をつくったら達成できるものであり、それは毎月2万円、3万円の貯蓄ができる比較的若い方なら、誰でも定年前までに達成可能であるということ**が、おわかりいただけたかと思います。

実際、年収400万円のビジネスパーソンの方であれば、60歳になるもっと前に、無理せず経済的自立を達成できます。シミュレーションを見てみると、30代、40代のビジネスパーソンの方だと、15年から17年で経済的自立を達成する見通しの方が多いです。45歳から60歳の間に達成できる計算になります。月々追加投資できる資金がもっと多い方は、より早く達成できます。

経済的自立は、少数の選ばれた人たちだけの特権ではなく、多くの人が達成可能なものなのです。

第3章

あなたの経済的自立に必要な金額は?

経済的自立に必要な資産総額を算出しよう

経済的自立は決して難しくありません。しかし、前章の例はあくまでも年間420万円のライフスタイルの方の場合です。その場合には、資産7000万円、年平均リターン6％が達成できれば経済的自立ができるのでした。

では、あなたの場合はどうでしょうか？

経済的自立に必要な金額は、人によって異なります。あなたの経済的自立に必要な額は、親友Aさんとも同僚Bさんとも異なります。ここからは、「あなたが」経済的に自立できる金融資産総額を計算してみましょう。

経済的自立に必要な資産計算の3ステップ

①パッシブ収入（資産収入）として得たい年収を計算する

まず、パッシブ収入がいくらあればいいかを計算しましょう。

もし毎月生活をしていくために25万円必要だとしたら、
25万×12カ月＝３００万
年間３００万円のパッシブ収入が必要ということになります。

②現在の市場環境での現実的な投資リターンを設定する

世界株式の過去30年の平均リターンである年率６％としましょう。

③経済的自立を達成するために必要な資産総額を計算する

持っている資産総額に、年間で得られる投資リターンをかけると、投資から得られる年収（パッシブ収入）が算出できます。つまり、
資産総額×年間投資リターン＝パッシブ収入
なので、逆算して、
必要資産総額 ＝ パッシブ収入／年間投資リターン
で計算できます。

これに、①と②の数値を代入してみましょう。

必要資産総額＝３００万円／０・０６＝５０００万円

毎月の生活に25万円必要な場合、金融資産として５０００万円あれば年間３００万円のパッシブ収入が得られ、毎月25万円の生活費をまかなうことができる、という計算になります。

ここで重要なことは、毎月必要な金額を適当に決めないことです。どんなライフスタイルを送りたいかで毎月必要な金額は変わるので、本当に自分が幸せを感じるライフスタイルをこまかく書き出して、いくら必要かを現実的に算出する必要があります。

他人の願望や理想をベースに「幸せなライフスタイル」を考えていないか？

では、自分が幸せに生きるために必要な月額を算出してみましょう。

ここで多くの方がやってしまうことは、「願望」や「憧れ」を幸せなライフスタイルとしてしまうことです。**願望や理想には、実は自分が「本当は望んでいないもの」が含まれていることがとても多いのです。**

たとえば、社会的にこんなライフスタイルが幸せとされている、こんなライフスタイルだったら誰もが羨ましがる、親がこんな人生を送ることを望んでいるなど、自分以外の誰かが幸せと感じるライフスタイルが、自分の願望や理想に入っていることがよくあります。

こうした願望や理想をベースに送りたいライフスタイルを決めると、実際にその生活が実現したときに、全然幸せじゃなかった、自分が送りたい生活ではなかった、となることが珍しくありません。

その願望は本当に望んでいるものですか？

具体例を挙げてみましょう。あなたは家にいることが好きで、休日は家でゆっくり音楽を聴いたり動画を見たりして過ごすことを好み、実際にそうしているとします。それなのに、「あなたが送りたいライフスタイルを考えてみよう！」と言われると、3カ月に一度は国内旅行をしたい、年に1回は海外旅行もしたい、外食は毎週1回、映画も月に2回は観たいなどと、突然頭で考えた「理想像」になってしまいます。

ここでよくいただく反論は、「確かによく家にいるけど、それはお金がないからで、お金があれば外で遊びたいし、いいレストランにも行きたいし、旅行もしたい！」というものです。

しかし、実際に経済的自立を達成してそれができる状況になり、たとえば1年たってみると、そんな過ごし方はまったくしなかったという方がほとんどです。もちろん、すべてのケースがそうではありませんが、**お金がないからそうしていると思い込んでいることも、実は自ら望んでそうしていることが少なくありません。**

もし本当に外出が好きなら、お金がかからない遊び方はいくらでもありますし、旅行だって、ネットで調べれば安価で済む方法が簡単に見つけられます。今、そうしていないということは、あなたはそれに魅力を感じていない可能性が高い、つまりお金があったとしても、外には行かない、旅行もしない可能性が高いのです。

私の知り合いに、経済的自立を達成した男性起業家がいます。彼はお金の使い道に迷い、先輩起業家にすすめられるがまま豪華客船ツアーに出ました。けれど、3日で後悔したそうです。豪華客船にはプールやテニスコート、映画館などさまざまな娯楽施設や一流レストランが揃っていましたが、まったく幸せを感じられなかったと言います。

彼が本当に幸せを感じるのは、ビジネスの専門書を読むことだったと気づいたそうです。これも「願望」や「理想」には、自分が「本当に望んでいないこと」が含まれている一例でしょう。

金融庁が算出した、年金が2000万円足りなくなるという試算も同じです。あの試算のもととなっているライフスタイルは、平均的な60歳代の夫婦が「望む」、どの領域でも平均以上が欲しい人の典型的な生活とされていますが、シミュレーションに使われた暮らしをあなたがしたいかと言うと、答えはNOである場合がほとんどでしょう。

人は、それぞれ幸せを感じる暮らし、送りたいライフスタイルが違います。それなのに一般的に幸せと言われるライフスタイルを想定して、「これが世の中の平均だ」という感覚で必要な資産額を算出してしまうと、現実とかけ離れた金額が出てしまいます。

まずはあなたの「価値観」を見つけよう

「自分が幸せを感じるライフスタイルとは？」と問われて、すぐに答えられる人はあまりいません。そこで、簡単な特定の仕方をご紹介します。
それは、あなたの本当の「価値観」を明確にすることから始まります。
先ほども述べましたが、あなたが幸せを感じるライフスタイルは、

◯　あなたの価値観を満たすライフスタイル

×　理想のライフスタイル

です。

ちなみにここで言う「価値観」は、世間一般に使われている意味とは少し違う意味で使っています。

たとえば先ほどの男性起業家の例であれば、彼の価値観は「最新のビジネス知識を、本などの情報源から吸収する」ことであると推測できます。

彼が幸せを感じるライフスタイルとは、彼の価値観（本などの情報源から新しい知識を吸収する）を満たすもの、すなわち好きなときに好きな本を手に取って吟味《ぎんみ》できる環境で暮らすことなのです。

あなた独自の価値観の見つけ方

価値観は、幼少期の欠落感から形成されます。あなたの価値観は、あなたが今認識しているものとは異なることが多く、**自分の価値観だと思っていたものが、実は親の価値観だった**というケースも多く見られます。

その人の本当の価値観は、その人の無意識層にひそんでいます。**無意識にアクセスしたら、あなたの本当の価値観がわかる**のです。

このことを発見した人間行動学の世界的権威、ジョン・F・ディマティーニは、無意識層にアクセスをして価値観を科学的に割り出すワークを開発しました。それが今日ご紹介するワークです。

私自身、同氏には十年以上師事していて、このワークの解説動画とワークシートを、本書の読者の方に無料でプレゼントすることを認めていただきました。以下のQRコードにアクセスすると、LINEの友達登録のページが表示されるので、友達への追加をしてください。自動返信で、価値観分析ワークとワークシートが届きます。ぜひあなた独自の価値観を明確に言語化してみてください。

価値観を満たす活動には、あなたの才能と天才性も隠れています。自分の本当の価値観に気づいていないということは、あなたはこれまで、自分の才能や天才性にも気づいてこなかったということになります。

価値観が明確になったことで、これまで自分でも自覚していなかった隠れた才能が開花した例は枚挙にいとまがありません。あなたの才能を発掘する意味でも、「価値観分析ワーク」を実行することをオススメします。

あなたの本当の価値観が明らかになったら、その価値観に合ったライフスタイルを特定できます。それこそが、あなたが心から幸せを感じるライフスタイルです。

幸せなライフスタイルを送るために必要なお金

では、あなたが幸せを感じるライフスタイルを送るために、月額いくら必要かを算出してみましょう。「価値観分析ワーク」を完了してからやっていただいたほうが正確に算出

食費	円 −	円 ➡	円
住居費	円 −	円 ➡	円
光熱・水道費	円 −	円 ➡	円
洋服・シューズなど	円 −	円 ➡	円
保険医療費	円 −	円 ➡	円
交通・通信費	円 −	円 ➡	円
教育・レジャー費	円 −	円 ➡	円
その他の消費	円 −	円 ➡	円
社会保険料・税金	円 −	円 ➡	円
合計	円 −	円 ➡	円

できますが、今は完了していなくてもかまいません。計算の仕方を覚えるために、現在の生活をもとに算出していただければ結構です。

【算出の仕方】

①まず、今の毎月の生活費について、上表の左の欄に記入します。

②それぞれの項目について、価値観に合わない出費を整理するといくら減らすことができるかを計算して、真ん中の欄に記入します。

③整理したあとの金額を計算して右の欄に記入し、合計します。

これが、あなたが幸せに生きるために必要な月額です。12倍すると、あなたが幸せに生きるために必要な年収となります。

月額25万円必要と思っていたけれど、本当に幸せを感じるライフスタイルに必要なのは月額20万円だった、となるかもしれません。

この試算をした方の大半は、必要と思っていた金額より低い金額が出ます。私たちは自分が思っていた額よりかなり低い額で、幸せに人生を送っていけるのです。この額がわかっただけでも、将来のお金の不安が消えたという方もたくさんいます。

必要資産総額も計算してみよう

必要な月額がわかったところで、経済的自立に必要な資産総額も計算してみましょう。

必要な生活費が月額20万円であれば、年額では240万円です。つまり、パッシブ収入が240万円必要になります。投資リターンはこれまでどおり年率6%とします。

すでにお伝えしたように、「必要資産総額＝パッシブ収入／年間投資リターン」の式が使えますから、数字を当てはめると、必要資産総額は240万円／0.06＝4000万円となります。

月額25万円必要だと思っていたときは、総資産は5000万円必要でした。しかし幸せなライフスタイルを送るためには、実は４０００万円あればいいとわかるのです。

このやり方で計算をすると、ほぼ全員の方が、必要金額が当初想定していた金額より下がります。中には月額５万円、６万円と下がる方もいます。年にすると60〜70万円です。60歳から85歳までの25年間分にすると、１５００万円から１７５０万円もの差額です。

仮にこの金額をすべて投資に回したら（もともと自分の価値観に合っていない支出ですから、支出を減らしてもまったく苦に感じません）、目標とする資産総額はもっと早く達成できます。たとえば金融庁のＨＰの資産シミュレーションで計算（年平均６％のリターンで20年運用）してみると、およそ３４６５万円近くになります。

本当に自分が幸せを感じるライフスタイルを特定して余力をつくり、余ったお金を投資に回すだけで、20年で３４００〜３５００万円がつくれるのです。

価値観がわかれば、節約しなくても支出は減る

前述したように、私たちのライフスタイルには多かれ少なかれ社会や他人の価値観が反映されています。ほとんどの人は、社会で信じられている「これを得られたら幸せ」とい

うもの（たとえば、社会的評価の高い仕事、地位、ステータス、家、車、旅行、外食、結婚など）を手にすることを目標にしていたり、実際に持っていたりします。何をして過ごすかも、他人の価値観にもとづいて決めている割合が多いのが通常です。

しかし、この活動（支出）は本当に自分の価値観を満たすものかどうかという視点で見直すと、これらに支出しても（手に入れても）自分は幸せを感じない、というものが多く出てきます。**そうした支出は、何の未練もなく整理できるケースが実に多いのです。**

自分の価値観に照らして「幸せに生きるための月額」を算出すると、ほぼ例外なく減るというのは、このような経験則からきています。

この支出減は、爪に火をともすように節約して達成したものではありません。今の幸せを犠牲にして捻《ひね》り出したものではなく、もともと、なくてもあなたは困らなかったものです。なくても痛くも痒《かゆ》くもないことが、わかっていなかっただけなのです。**必要経費だと思い込んでいたけれども、実際にはなくてもよかったという支出が、価値観を見つめ直していくとたくさん出てきます。**

十把《じっぱ》ひとからげに誰もが２０００万円足りないという試算は、あまりにも個々の事情を無視しています。老後に生活資金が足りなくなる、と心配する必要などありません。

現実をしっかり見て、まずは将来に対して安心感を持ちましょう。

第4章

経済的自立に欠かせない「脳と心の転換」

「脳と心の転換」が経済的自立をスムーズにする

経済的自立を実現するためには大金持ちになる必要はなく、普通のビジネスパーソンでも、個人事業主でも十分達成可能である、と言い切れる理由がおわかりいただけたのではないでしょうか。

そして、経済的自立の実現をますます容易にするために、さらにできることがあります。

ここを押さえておくと、**我慢して貯蓄に励んだり、血のにじむような努力や神経をすり減らすような投資をせずとも、より自然に、よりスムーズに資産を増やしていくことが可能になります。**

必要なことは、

①脳の転換
②心の転換

の二つです。

価値観ベースで必要な支出を算出することに加えて、この二つを整えておきましょう。

「貯蓄脳」「消費脳」から「投資脳」へ

農耕民族脳と狩猟民族脳

多くの方のお金の相談に乗る中で、お金に関する脳の働き方として、日本人の脳には二つのタイプがあると感じています。その一つは、貯蓄脳です。

貯蓄脳とは、不安や心配から投資ができず、元本割《がんぽんわ》れしない定期預金を好む脳のことです。日本人は国民性もあるのか貯蓄脳の人がとても多いのですが、その理由は、祖先の大多数が長らく農耕民族であったことと関係していると思っています。貯蓄が良しとされてきた文化的・社会的な背景があり、コツコツと何かを育てることを喜ぶ脳が発達しています。先祖代々同じ土地に暮らし、自然と調和し、獣《けもの》との戦いを避けて生きてきました。

私たちの祖先の多くは、命を「懸《か》け」て、獲物をとるかとれないかわからない狩猟で生計を立てるのではなく、種をまきコツコツ育てれば、秋には一定量の米が収穫できる道を選んだ人たちです。そのため、日本人の脳は、リスクを取らずにコツコツと育てていく神経回路が発達しているようです。これを「農耕民族脳」と呼ぶことにしましょう。

一方、欧米人には、死ぬ危険を冒してでも狩りに出かけ、獲物を仕留める、つまりリスクを取ってリターンを得るという「リスクとリターンの概念」が生まれたときから刷《す》り込まれているように思います。

リスクとリターンの概念とは、高いリスクを取れば、高いリターンが得られる可能性が生まれる、一方で低いリスクしか取らなければ、低いリターンしか得られない、という現実です。欧米人の多くは、その関係性を、教えられなくても感覚的に理解できます。長年にわたってリスクとリターンの概念を理解する神経回路が発達してきたために、高いリスクを取ったからといって、必ずしも高いリターンが得られるわけではないことも理解しています。これを私は「狩猟民族脳」と呼んでいます。

投資という概念と仕組みは、欧米で生まれて発達してきたものです。そのため、狩猟民

族脳的要素が根底にあります。その概念と仕組み、そして感覚を、私たち日本人は「農耕民族脳」のまま理解しようとしているから難しいのです。

農耕民族脳にとって、投資は未知なるもの、コンフォート・ゾーンの外にある行為であるため、怖さを感じ、なかなか投資に踏み切ることができません。

その一方で、日本人は世界でも類を見ない宝くじ好きです。宝くじはリスクを取ってリターンを得るのではなく、一攫千金《いっかくせんきん》をねらう行為です。当たるも八卦《はっけ》、当たらぬも八卦の占《うらな》いと同じように、当選を夢見て買うギャンブルです。そのため、宝くじをいくら買ってもリスクを取る脳は育ちません。交通事故よりも当たる確率が少ない宝くじにお金を投入し続ける人のことを、「ギャンブル脳」を持つ「向こう見ず」さんと呼んでいます。

貯蓄脳から投資脳へ転換する

「農耕民族脳」かつ「ギャンブル脳」のまま投資をすると、一攫千金を夢見てリスクが高いものにいきなり手を出して失敗します。

農耕民族脳だけどギャンブル脳ではない人は、投資に踏み出せずに定期預金を持ち続けます。仮に農耕民族脳（貯蓄脳）のまま投資をしたら、リスクとリターンの概念を理解していないため、投資で財を成すことは難しいでしょう。

投資を開始する前に農耕民族脳から狩猟民族脳に転換することが必要です。それは取りもなおさず、貯蓄脳から投資脳へ転換することと同じです。

消費脳から投資脳へ転換する

日本人に多いもう一つのタイプは、「消費脳」です。

消費脳とは、お金を使う際、文字どおり〝消費することに喜びを感じる脳〟のことです。

喜びなどの感情は、心で感じているわけではなく、脳の中でホルモンが分泌《ぶんぴつ》されて感じます。みなさんも何かを手に入れたとき、興奮したりワクワクしたりといった高揚感を覚えたことがあると思いますが、それはドーパミンというホルモンの仕業です。

投資とは、この喜びを「先送りにする行為」です。喜びを先々まで取っておける、取っておくことにむしろ喜びを感じる、投資にはそういった脳が必要になってきます。

日々行動したり決断したりする際に、今何かを手に入れることに喜びを感じるのか、先々に取っておくことに喜びを感じるのかの違いです。別の言い方をすると、長期的視野になっているかどうかの違いです。これこそ「投資脳」です。

心理学の実験に、有名なマシュマロの実験というものがあります。

子どもたちのディレイ・グラフィティケーション（満足を先延ばしできる能力）を調べる実験です。子どもたちは、目の前にあるマシュマロを食べることを15分間我慢すれば、より多くのマシュマロをもらえると言われます。その結果、半数の子どもは我慢できましたが、もう半数の子どもは我慢できずに食べてしまったそうです。

マシュマロを取っておけるかどうかに関しては、5歳未満と5歳以上とで明らかに差があるそうです。5歳未満は我慢できずに食べてしまい、5歳以上になると、食べないで待っていられる傾向にあります。

これは脳の発達度合いに関係しています。もちろん、食べないで待っていることができる人が「投資脳」の持ち主です。

扁桃体優位から前頭前野優位に転換する

人間は5歳を過ぎた頃から、人間特有の前頭前野《ぜんとうぜんや》という脳の部位が発達してきます。それまでは、まだ脳が完成されていません。

5歳未満は、爬虫類《はちゅうるい》も持つ扁桃体《へんとうたい》という部位を主に働かせて生活をしています。扁桃体は感情を司《つかさど》る部位です。そのため、5歳未満の子どもは感情をコントロールできません。イヤだったら泣くし、嬉しかったら喜びます。

また**扁桃体は、喜びを先延ばしにして長期的視野で物事を考えることも不得意です。扁桃体は「今」楽しみたいのです。これが「消費脳」の正体です。**大人になっても、前頭前野より扁桃体のほうが活発で、扁桃体に自分がコントロールされる状態になっている人がいます。

扁桃体優位のまま大人になると、消費脳が優位なまま人生を送ることになります。すると、どんなに知識やスキルを学んでも、長期的視野で考えることができません。喜びの先延ばしができず、すぐに利益を享受したくなり、前頭前野を使った冷静な判断ができなくなるのです。

そのため、消費行動ではよく考えず衝動で買い物をしてしまったり、投資行動では、値が上がったらすぐに利益を確定してしまったり、下落しているときに不安に駆られて売却してしまったりと、感情に振り回されて失敗しがちになります。

ですから、**投資をする前に、農耕民族脳（貯蓄脳）から狩猟民族脳に、さらには扁桃体優位の消費脳から、前頭前野優位の投資脳に転換する必要があるのです。**

投資を始める前に豊かな内面をつくる

「投資にメンタルの強さは必要ですか?」

よく聞かれる質問ですが、投資にメンタルの強さはまったく必要ありません。

ウォーレン・バフェットの言葉「投資は、感情的になったら負け」は有名です。これを「想定外に下落したときでも、平常心でいられるメンタルの強さが必要」と解釈している方が多いのですが、そうではありません。

そもそも、「想定外の下落」が起こる確率を最小限に抑える投資、すなわちリスクをコントロールする投資を行っていたら、メンタルの強さなど必要ありません(具体的な投資法は第2部でみっちり解説します)。メンタルの強さが必要になるのは、リスク・コントロールをしていない投資を行っているときだけです。

ここでは、投資をする前に「メンタルを強くする」のではなく、「ある心の状態をつくる」ことの大切さをお伝えします。

形成できる資産の額と精神性とは比例する

心の状態と投資の関係について、知っておいてほしい真実があります。それは、**「形成できる資産の額と精神性は比例する」**ということです。

ここで言う精神性とは、「視野が広く、視座が高い」ことを指します。自己肯定感、自己価値感、セルフ・エフィカシー(自己効力感)が高い状態と言い換えることもできます。

たとえば自分が自分の価値を1億円相当であると見込むならば、1億円の資産を築くことができます。しかし、自分が自分に認める価値が300万円なら、300万円の資産しか築くことができません。一時的に多く手にすることになっても、すぐに失ってしまうのです。自分が思う自分の価値分までしか、資産は形成できません。これは日本人に限らず、人間であれば誰にでも共通して当てはまる法則です。

たとえば、精神性がともなわずに宝くじに当たった人たちや、莫大な遺産を相続した人たちの多くが、1年も経たないうちにそれらをすべて使い果たし、時には借金すらつくってしまうとよく言われます。世界中でそうした例が多く見られるそうです。

富を形成するために必要な心の状態

では、富を形成するために、どんな精神性（心の状態）が求められるのかというと、以下の3点が挙げられます。

①心が満たされている状態にある
②資産をつくることに価値を感じている
③資産をつくることに大義目的がある

一つめの「心が満たされている状態」とは、今の自分の人生に登場するすべてのモノやコト、人に対して、これらとともに生きられて幸せだな、ありがたいなと、心が感謝の状態にあることを指します。

感謝の状態にあるとき、心は満たされています。「今のままでは老後が心もとない」という不安や心配を動機として投資を始めるとしましょう。すると、不安は焦りを生み、焦りはより短い期間でより多くのリターンを得たいという欲を生みます。扁桃体優位で短絡的かつ感情に振り回される投資行動を取ることになり、喜びの先送りもできません。

あるいは、毎月のお給料だと少し足りないから、それを補うために投資を行う、という心理状態も同じように焦りを生みます。

つまり、「お金がない、足りていない」から投資をするのではなく、「今現在持っているもの」に意識のフォーカスが当たっていて、それらに囲まれていることに感謝をして心が満たされている状態で、投資を始めることがとても重要です。この状態で投資を始めると、どんどん資産が増えていきます。

心が感謝の状態にあるときには、不安や心配を感じません。**「感謝」と「不安・心配」は共存できないからです。不安や心配を感じない状態だと扁桃体が静まり、前頭前野が優位な投資脳をつくることができます。すると、長期目線になることができ、目先の株価に一喜一憂することなく、常に論理的に考え、安心とともに長期投資に専念できます。**

二つめの「資産をつくることに価値を感じている」に移りましょう。価値を「感じている」のか「感じていない」のかは、私たちの行動と心を決めるうえで非常に重要です。

価値観学という学問では、

・人間は誰でも、（自分が）価値を感じることをしているとき、幸せを感じる
・その幸福感は、その行動を取っている限り、持続する

ということがわかっています。

私たちは何かを達成したとき幸福感を覚えますが、達成感から得られる幸福感は一時的なものです。時間の経過とともに低下していきます。

一方、価値を感じている活動をしているときには、結果として達成しようがしまいが関係なく、活動しているその瞬間に幸福感を覚えます。

そのような状態になるためには、「資産を形成することは、消費をするよりも価値が高いことだ」と、意識レベルではもちろんのこと、無意識レベルで認識していることが重要です。そうした心の状態にあれば、資産を形成していくプロセス自体に幸せを感じるので、我慢しなくても自然に、消費ではなく貯蓄や投資にお金を回すことができるのです。

最後の「資産をつくることの大義目的」は、聞き慣れない言葉だと思います。これはあなたが資産形成したい理由に、利己を超えた利他に通じる目的が入っていることを指しています。

資産形成の目的が「自分の老後のため」だけでは、ともすれば短期的な欲求に負けてし

まいます。人間は誰でも、遠い将来の恩恵よりも今すぐ手にできる恩恵のほうを魅力的に感じるためです。

一方で、自分の老後のためのみならず、自分が生涯かけて取り組みたいこと（私はこれをミッションと呼んでいます）のために資産を構築するのだ、という利己を超えた目的があれば、それはより強い意志となって、短期的な欲求に打ち勝つことができます。

大義目的があれば、「必ず資産を形成するんだ！」という強い気持ちが生まれ、消費脳から投資脳への転換を助けてくれることにもつながります。ここで重要なことは、その大義目的に個人的に価値を感じていることです。

豊かな内面をつくってから始める。これが鉄則です。多少、精神的な話が続きましたが、私の経験から、**投資ではこうした精神面の影響は軽視できません。**

お金がかかるわけではありません。投資を始める前に自分の心の状態に問題がないか、確認してみることをオススメします。

第5章

経済的自立のための「投資脳」開発ワーク

「投資脳」に転換しよう！

第1部の最後に、実際に「投資脳」への転換を図るワークをやってみましょう。私が主催する人生デザイン構築学校や講演会で、のべ2万人を超える方々が実際に行って脳の転換を遂げ、より効果的な資産形成へとつなげているワークです。ぜひ、楽しんで取り組んでみてください。

成功する資産構築の原理原則

早期に経済的自立を実現しようと思ったら、正しい順番で物事に取り組む必要があります。第4章でお伝えしたとおり、今の収入だと足りないから、投資でその分をまかなおうとすると失敗します。

まずは、今すでに必要なものはすべて揃っていて豊かだな、と感じられる心の状態をつくることが必要です。そのためには、当面の生活に必要な分のお金は投資でつくるのではなく、アクティブ収入（働いて得る収入）でまかなうことが必須です。

「それができたら苦労しないよ」という声が聞こえてきそうです。その場合は、次に、なぜ今の生活に必要なお金をアクティブ収入でまかなうことができないのかを考えてみましょう。

それは、仕事を我慢してやっているからです。イヤな仕事をイヤイヤ行っていても、高いパフォーマンスを上げることはできません。自分のベストパフォーマンスを出せないから、満足する収入を得ることができないのです。

そこで、**アクティブ収入を増やすことをあきらめ、投資でまかなおうとする。すると、投資も失敗します。それが、資産構築を失敗するときのパターンです。**

では、どうしたらいいのか、これからお伝えしていきます。

脳の転換ステップ1

楽しく幸せにアクティブ収入を最大化する

人間行動学では、アクティブ収入を上げるために不可欠な要素を3つ挙げています。

①あなた独自の才能と天才性を120%発揮《はっき》できること
②その仕事を楽しいと思えること
③その仕事があなた独自の価値観を満たしていること

仕事で才能が発揮できたら、自分で「イケてる!」と思えるので、ますますやる気がみなぎってきます。どんどんアイデアがわいて、先手を打っておいたほうがよいことなども見えてきます。すると、評価が高まります。評価が高まれば収入も上がっていきます。

「才能が発揮できる仕事に就きたいのは山々だけど、そもそも自分の才能がどこにあるかわからない」という方も多いでしょう。そんな方は、思い出してください。

あなたの価値観を満たす領域に、まだ見ぬ才能と天才性が眠っています。

あなたが価値を感じることを仕事にしていたら、あなたの才能と天才性はおのずと発揮されます。結果として評価が上がり、収入増につながるのです。

価値観を満たすことを仕事にすると得られるもの

価値を感じることを仕事にすると、

・仕事のパフォーマンスが上がる
・3つの力（注意力、集中力、持続力）が発揮される
・常に高いやる気が維持される（モチベーションが常に高い状態で保たれる）
・才能と天才性が発揮される
・遊んでいるように楽しい
・楽しいから自主的にどんどんやる
・インスピレーションがどんどんわいてくる
・自然にリーダー性を発揮している
・評価が上がり、「○○なら君だ」と自分のポジショニングが明確になる
・より活躍できるチャンスがめぐってくる
・より楽しくなり、より評価が上がる

という好循環を生み出すことになります。
ここで出てくるのが、

「今の仕事が価値観に合っていなかったらどうするのか？」

「転職するしかないのですか？」

という質問です。転職がすんなりできればいいのですが、すぐに転職しろと言われても、現実的に難しい方もいるでしょう。

その場合でも、安心してください。とっておきの秘けつがあります。

それは「**今の仕事の中に、価値観を満たす要素を見出す**」ことです。

実はどんな仕事にも、あなたの価値観を満たす要素を探し当てることができます。


かつて、私のクライアントに玉木さんという経理の仕事をしている方がいました。その方の価値観は「人とのつながりを深める」というものでした。

しかし、経理の仕事は一人で黙々と行う入力作業が多く、玉木さんはその仕事が大嫌いでした。経理の仕事が「人とのつながりを深める」という価値観を満たすものだとは到底思えません。

そこで私は、このような質問をしてみました。

「領収書の入力をすることで、あなたが得ているものは何ですか？ それは、知識でもいいですし、スキルでもいいです」

玉木さんは思案したのち、こう答えました。

「そう言えば、私は社長から専務まで、役員たちが誰とどこで会食をしたかという誰も知らないシークレット情報を持っています」

「その情報は、何かの役に立っていますか？」

「いえ、特に。誰と誰が仲がいいとか、よく行くお店とか以外には……」

「でもそれは、あなただけが持っている情報ですよね」

「はい」

「その情報を持っていることで、訪ねてくる人がほかにもいるのではありませんか？」

「言われてみれば、そうですね。社内の人間関係はよく知っているので、聞きにくる方は多いです。あの人のお気に入りのお店はどこか、などと聞かれたりもします」

領収書を介して知ることになった情報を求めて、社内の多くの人が玉木さんを訪ねました（今はこのような個人情報は他言できないかもしれませんが……）。自分では気づかなくても、一人で黙々と行うつまらない仕事と思っていた経理の仕事に「人とのつながりを深める」という玉木さんの価値観を満たす要素は存在していたのです。

これは、玉木さんに限ったことではありません。誰にでも当てはまります。

今の仕事がイヤだ、嫌いだ、面白くないと思って我慢してやっている方は、「今の仕事の中に、自分の価値観を満たす要素があるだろうか」と考えてみてください。ポイントは、「その仕事をすることで自分が得ているものは何か」を見つけることです。玉木さんの場合、交友関係の情報でした。

私たちは一度イヤだと思うと、そこから得ているものがあっても、それに気づくことができません。ですが、必ずあるので、ぜひ探してみてください。

得ているものに気づいたら、次に、それがあなたの価値観をどう満たしているかを考えてみます。面白いことに、**誰の人生においても、嫌いだと思っている仕事の中に価値観を満たす要素が存在しています**。それを発見できたら、がぜん仕事が面白くなり、やる気が出てきます。

玉木さんはそれ以来、領収書の入力の仕事に価値を感じるようになり、楽しんで取り組めるようになりました。すると、不思議なことに（本当は不思議ではないのですが）、自分が心からやってみたい仕事（部署横断的に選抜されたプロジェクトのリーダー）を任されたそうです。

その仕事は、他の部署の人とも頻繁にミーティングをする仕事です。「人とのつながりを深める」ことが価値観の玉木さんにはうってつけで、今ではその仕事で日々天才性を発揮し活躍をしているそうです。その結果、予定されていなかった昇給や昇格も果たすことができたと言います。

アクティブ収入を最大限に増やすためには、楽しく仕事をすることが大事です。そのためには、仕事の中に価値観に合った要素を見つけること。そのうえで、必要なスキルや知識を身につけていきましょう。

すると、それらの習得過程にも価値を感じるようになり、新しい知識や技能をどんどん吸収していくことができます。結果としてさらに実力が上がり、評価と収入も上がっていくのです。

脳の転換 Q

仕事を通じて、あなたが得ているものは何ですか？
それはあなたの価値観をどう満たし、あなたの人生をどう豊かにしてくれていますか？

脳の転換ステップ2

楽しく支出を減らす

ステップ2では、支出削減を考えます。支出を削減することで手元に残るお金が増えれば、それを貯蓄や投資に回すことができます。「ただでさえ生活はキツキツなのに、貯蓄や投資に回すお金なんて捻出できない」と思われたでしょうか。我慢したり無理して節約したりするのは苦手という方もいるでしょう。

安心してください。支出を削減するのに、我慢や節約は一切必要ありませんから。

まず、自分の日々の支出の中から、必要経費と思って疑問なく払っているものをピックアップしてみてください。それらは、本当に必要なものでしょうか？

私はバブル時代に就職をしたので、当時は会社に行くときにアクセサリーをジャラジャラと身につけていました。それが普通だったので、そうすることを疑うこともありませんでした。

しかし、自分の価値観を明確にしてみると、私は外側を飾ることに何の価値も見出していないことがわかったのです。それ以来、アクセサリーを身につけることをキッパリやめました。それまでは、自分だけつけていないのは恥ずかしいと思っていたのですが、実際につけなくても、何も感じませんでした。むしろ体が軽くなり、とても爽快でした。
ほかにも、必要だと思い込んでいたものはたくさんありました。それらを全部やめてみると、なんと月に5万円ほど支出が減少。我慢したり無理して節約したりすることは一切ありませんでした。当時月収は10万円台後半だったので、月収の25％にもあたる金額を、一切我慢することなく捻出《ねんしゅつ》できたのです。

支出削減の判断基準は、「価値観に合っているかどうか」です。オシャレに価値を感じている方にアクセサリー代を削れと言ったら、それは悲しいでしょう。読書が命の方に本代を節約しろと言ったら、それは拷問です。
しかし、価値を感じないものであれば、買うことをやめても痛くも痒《かゆ》くもないのです。なぜ今までこれらを必要と思い込み、何の疑いもなく買っていたのか不思議なくらいです。

教育費、住居費、娯楽費、旅行、車、その他必要経費と信じているものの中から、価値観に合っておらず、削っても悲しくないもの、我慢せずに削れるものは何があるかを考えてみましょう。61ページに掲載した一般的な支出項目を参照してみてください。

脳の転換Q

価値観に合っていない支出には何がありますか？　それらを減らして、手元により多くの資金を残すことによって、あなたが得るものは何でしょうか。それはあなたの価値観をどう満たし、あなたの人生をどう豊かにしてくれるでしょうか？

脳の転換ステップ3
楽しく貯蓄を増やす

我慢しないで支出を減らすことができたら、次は貯蓄額を増やすことを考えます。

私たちは、収入が増えると、支出もそれに応じて増やしてしまいがちです。すると、収入が増えても資産が増えていきません。特に年収1000万円前後の人にこの傾向が強く、収入は上がったのに、残るお金が少なくなったという例が後を絶ちません。

先に紹介した「消費脳」が優位に働いているためです。入ってきたら入ってきただけ使ってしまう。それでは、いくら収入を増やしても資産は増えません。この傾向は、自身に「稼ぐ力」があると思っている方に多いです。また稼げばいいやと思うために、「お金を使わず残す」ことに価値を感じないのです。

では、どうしたら貯蓄額を増やすことができるのか。ここで注意したいのは、「こうしたら貯蓄ができる！」といったテクニック的な情報だけインプットすることです。

いくら知識やスキルを学んでも、それを実行するのは自分です。**実行する人間が貯蓄に価値を感じていない限り、学んだように実践することはできません。**

そこで「貯蓄がとても重要だ」「貯蓄は価値が高い」とあなたの脳に思わせるワークを行っていきます。

あなたの資産残留率をチェック！

これまで稼いだお金のうち、何％が資産として残っているかをチェックします。

あなたがこれまでの人生で稼いできた総額はいくらでしょうか。新入社員として就職したときのお給料を覚えていますか？　ざっくりこれくらいという程度でかまいませんので、思い出してみてください。

その金額は何年続いたでしょうか？　およそ何年目に昇給したでしょうか？　その後、何年目に昇格して月収が増えたでしょうか？

だいたいでいいので、それらをすべて書き出し、これまでに稼いだ総額を計算してください。

思っていたよりかなりの額を稼いできたことにびっくりされる方も多いと思います。頑張ってきたのですね。


次に、今残っている資産の総額を算出します。金融資産、定期預金、普通預金、不動産、その他の資産をすべて洗い出して足します。いくら残っているでしょうか？


資産総額が出たら、次に、**資産残留率**を計算します。

残っている資産は、これまでに稼いだ総額の何%でしょうか。残っている資産を、稼いだ総額で割ると資産残留率が計算できます。それが、あなたの「これまでの人生の」資産残留率です。

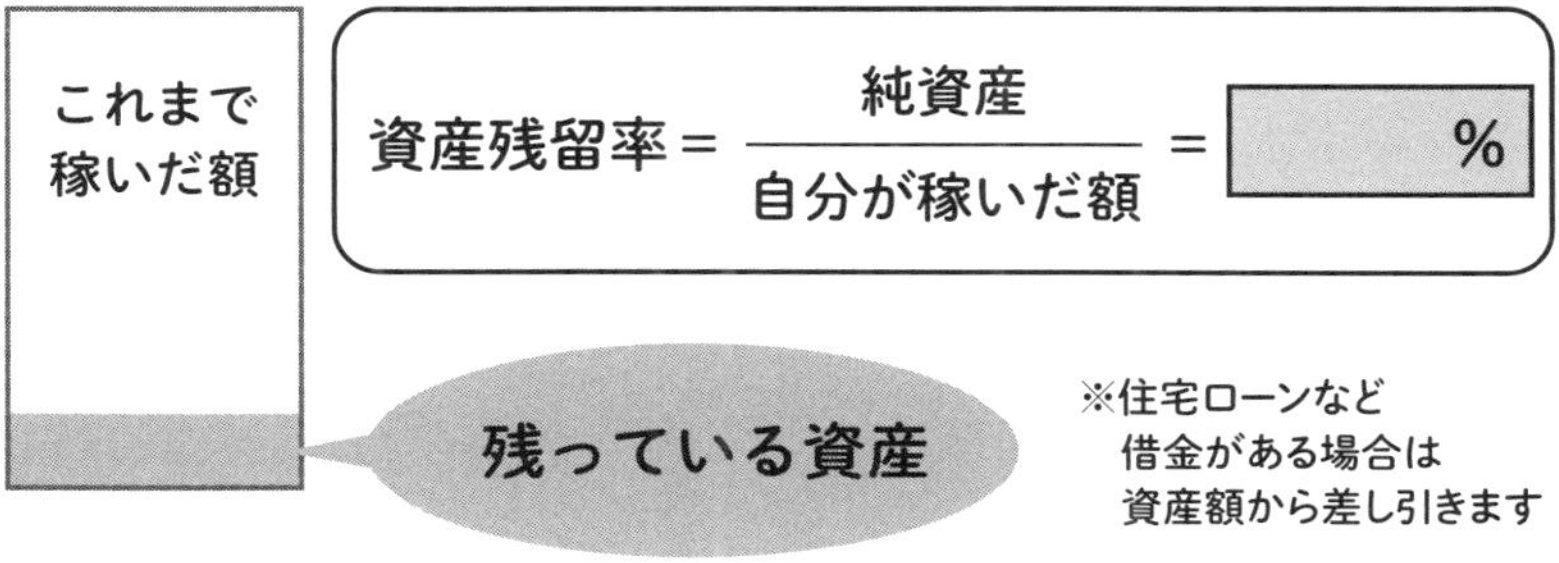

何%になったでしょうか？

あまりの少なさにびっくりした方も多いでしょう。セミナーをするたびに参加者にお聞きするのですが、1ケタ台になってショックを受ける方が半数を超える場合が多いです。ですから、たとえあなたの結果が1ケタ台だったとしても、突出して低いわけではありません。

ただし、まわりもそうだからといって安心しているわけにはいきません。このまま何もせずに時を重ねていったら、10年後、20年後、30年後に同じように資産残留率を計算しても同じ程度になり、同じようにショックを受けてしまいます。

これから目指したい資産残留率と実現戦略

30年後に同じように資産残留率を計算したとき、何%程度になっていたいでしょうか？　その率を設定しましょう。

どうやってそれを実現するのかはまだ考えなくていいで

す。とにかく、これからの人生で実現したい資産残留率を特定してください。根拠なく、「これくらいがいい！」という希望の数値でかまいません。「残したい！」と思うことが重要なのです。

このように思うことで、**脳の中では「貯蓄をすることが本当に大事で価値があることだ」と認識されます。すると、それはあなたの中で「価値あること」になり、放っておいても、無意識の行動が貯蓄を選択するようになります。**

これで、消費脳から投資脳への転換の第一段階――消費脳から貯蓄脳へ――をクリアしたことになります。

このステップアップは、資産形成をするにあたって非常に大きな、意味のある前進です。これまでは「貯蓄をしよう！」と顕在《けんざい》意識（自分が認識している意識）で思っても、行動することができなかった人が、今はお金を「使う」より「貯蓄する」ことのほうに魅力を感じる脳になっています。

だから、仮に気になる商品に出合っても、お金を使わず貯蓄するという行動が自然にできるようになります。我慢したり節約したりしなくても貯蓄できる自分になった。これは、素晴らしい転換です。

脳の転換ステップ4

増えた収入を投資で守って増やす

消費脳から投資脳への第1段階が完了したら、次は第2段階に入ります。今度は、「投資そのものに何よりも高い価値がある」とあなたの脳に認識してもらいます。そのための質問が以下になります。

脳の転換Q

投資をして資産を増やすことは、自分にどのように役立ち、価値観を満たし、恩恵をもたらしてくれるでしょうか？

ここで注意してほしいのが、「どのように役立ち、恩恵をもたらしてくれるか？」の回答として、資産を「使うことの恩恵」を書き出してしまわないことです。多くの方が、投資によって受け取るものとして、家族と旅行に出かけられるなど、増やした資産を「使う」

ことの恩恵を挙げてしまいます。

その方向にワークをしてしまうと、資産を「つくること」ではなく「使うこと」の価値が高まってしまい、逆に消費脳が育ってしまいます。投資を成功させた結果、得られる恩恵ではなく、投資という行為をすることそれ自体が、自分にどのような恩恵をもたらしてくれるかを考えてください。


たとえば、投資をするには勉強する必要があります。経済のことを知る必要もありますし、投資信託に投資をするなら、それぞれのファンドがどのような性質のものなのか、パッシブファンド（インデックスファンド）なのか、アクティブファンドなのか、何と何を組み合わせて持てばよいのか、それぞれの相関はどうなっているのかなどを勉強します。

これから世界がどうなっていくのか、どういった業種や企業が成長していくのか、といったことにもアンテナを張っておく必要があります。財務諸表の読み方なども少しずつ理解していく必要があります。

これらは、仕事で必要のない職業の方であれば、投資をしなければ得ることがなかった知識です。その知識を得ることで、あなたの人生はどれほど豊かになるでしょうか。

私のクライアントの方々は「本業にも大いに役立っている」とおっしゃる方が多いで

す。どんな職種でも、世の中の見通しを自分なりに持っていると、対策や準備をしたり、先行投資をしたり、またはやめたりなど、今日の決断が変わってくるからです。

特に経営者の方からは、投資を始めて、世界の出来事にアンテナが立つようになり、その解釈や分析の仕方も年を経るごとに上達し、本業の選択や決断も変わってきている、攻めの経営ができるようになったと聞くことが少なくありません。

また営業職であれば、今の世界情勢や社会情勢などの知識があることで、雑談がはずんだり、先方からの信頼感を高めたりすることにつながります。

このように、「投資をする」という活動が新たに加わることによって、あなたの人生がどのような恩恵を受け、豊かになるのかを考えてみましょう。

脳の転換ステップ5
投資を継続して資産の増え方を加速させる

投資を開始したら、あとはそれを継続し、資産の増え方を加速させていく段階に入ります。このことについても、脳に「価値が高いことだ」と認識させていきます。ステップ5

の質問は以下です。

脳の転換Q

取るリスクを徐々に拡大させて、金融資産の拡大スピードを加速させることは、自分にどのように役立ち、価値観を満たし、恩恵をもたらしてくれるでしょうか？

投資の世界におけるリスクの概念は、私たちが普段使うリスクという言葉の持つ概念とまったく異なります。リスクについては第2部でより詳しく説明しますが、大切なところなのでここでも軽く触れておきます。

投資におけるリスクとは？

リスクとは、期待値から上にも下にも外れる度合いをパーセンテージで表現したものです。そして、上に外れる確率と幅、下に外れる確率と幅は等しくなります。**実生活におけるリスクは下にブレることを指しますが、投資の世界では上にブレることも指します。**

期待値とは、専門用語では「期待リターン」と呼びます。期待リターンが高いほうに投資をしがちですが、期待リターンが高ければ、そこから上にも下にも外れる度合い（リスク）も高くなります。

このことを理解していないと、期待リターンが高い投資先を選んで、知らない間に大きくブレる確率が高いもの（リスクが高いもの）に投資をしてしまう可能性があります。その結果、想定外に下にブレて、資産を失う、ということが起きてしまいます。

リスクは数値で表されます。同じ期待リターン5％でも、リスクが10％のものもあれば、20％のものもあります。どんな投資でも、期待リターンとリスクの組み合わせが決まっています。これは、過去の実績から統計的に算出されるものだからです。

実は、**投資とは、どの程度までのリスク（期待リターンから外れる幅）を取るかを決めていく行為**です。そして、どれだけのリスクを取るかは、自分の希望で選べるものではなく、あなたの「**リスク許容度**」によって決まります。

リスク許容度とは、どこまで期待リターンから外れることを平常心で受け止められるかを示したもので、これは個人個人で異なります。リスク許容度は、金額ではなくパーセンテージで表示され、投資の知識や経験、運用目的、運用年数などで決まります。リスク許容度のことを「投資に回せる心理的な金額」と思っておられる方が多いのですが、それは正しい理解ではありません。正しいリスク許容度の説明はのちほど行いたいと思います。ここでは、リスク許容度とは、期待リターンから実際の結果がブレるパーセンテージのことと理解しておいてください。

成功する投資の一番の秘けつは、自分のリスク許容度を数値で把握し、その境界線を超えない範囲で行うことです。経験を積んで知識が増えていくと、リスク許容度は高まっていきます。高まったらリスクを上げる、そのリスクでの投資の経験を積む、また高まったらリスクを上げる、という形で投資の経験値を高めていきます。

リスクを意識しない投資は失敗する

ファンドマネジャーは機関投資家から運用の委託を受ける際に「期待リターン◯%、リスク◯%で運用をしてください」という形で依頼をされます。指定されたリスクを超える投資はできません。しかし、個人投資家の私たちは、自分で自分のリスクを決めることができます。これがメリットでもあり、やっかいでもある部分です。

誰にも「リスクはここまでにしてね」と言われないので、意識していないと、どんどん高くなってしまいます。なぜなら、リスクが高い投資先は期待リターンも高いからです。

期待リターンが高いからといって、実際のリターンが高くなるとは限りません。統計的に期待リターンから外れる確率は、上に外れる確率も下に外れる確率も同じだからです。期待リターンは高ければ高いほど嬉しいですから、リスクに意識を向けないと、どんどん期待リターンが高いものに手を出してしまいます。

すると、実際のリターンが上に外れたときはよいのですが、下に外れたときは、自分が想定していたリターンより低くなります。**想定していた以上に下へブレたときの心の痛みは、想定の範囲内でブレたときの痛みより大きくなります**。ショックと焦りで感情的になり、冷静な判断ができなくなり、合理的ではない投資行動を取ってしまいます。そうなると、投資は必ず失敗します。

投資を成功させるには、自分の意志でリスクを決めることが重要です。そして、リスク許容度が上がるまでそこを超えないように調整します。これが「リスクをコントロールする」ということです。リスクをコントロールしない投資は、当たるも八卦当たらぬも八卦となり、必ず失敗します。

個人投資家の多くは、この点を理解していません。逆に言えば、今本書を読んで理解したみなさんには、大きなアドバンテージがあると言えるでしょう。

さて、リスクをコントロールすることの重要性を理解したら、次は、どのようにリスクを高めていくかを決めます。

リスクの高め方にもさまざまな方法があります。ヤドカリのように、リスクが低い商品を高い商品に乗り換えていくこともできますし、リスクの低い商品は持ったまま、高い商品を追加購入していくこともできます。

私は、取るリスクを徐々に高めていくことを推奨《すいしょう》しています。そして、低い商品は持ったまま、高い商品を追加購入していくやり方をオススメします。

なぜならそのほうが、いきなり高い商品に変えるよりも、「少しずつ、徐々に」リスクを高めていくことができるためです。

リスクを徐々に拡大させる投資で得られる恩恵

ここまでをふまえ、本項の冒頭の質問に戻りましょう。

「取るリスクを徐々に上げていく投資手法を選択することで、あなたが受ける恩恵はなんですか？」

回答例としては、以下のようなものが挙げられます。

・自分のリスク許容度を逸脱しない、安心安全な投資のうま味を享受できる
・常に平常心を保った投資を行える
・段階的に高まる期待リターンのうま味を享受できる
・下方リスク（期待リターンから下に外れるリスク）を限定した、安定した資産運用を行える
・本当の意味での分散投資を理解し、実行できる（リスクを高めるとは、分散度合いを低めるということです）
・自分の資産を、リスクをコントロールするファンドマネジャーと同じ戦略で運用できる
・10年後、20年後に、何%の確率で資産がいくらになっているかシミュレーションできるので、将来に対するお金の不安がなくなる。今この瞬間の心の安定を得られ、ますます仕事に没入できる
・初心者の頃は身のたけに合った安全な投資から始め、徐々に期待リターンがより魅力的な投資機会をつかんでいくことができる
・政治、社会、経済のボラティリティ（変動性）への耐性を強化できる

・リスク許容度が高まった段階では、自分が投資したい団体や企業を、投資対象として選択できるようになる

個人的には、仮に実際のリターンが期待リターンから外れたとしても、その外れた度合いが「想定内」に収まっていることの心理的安心が、何ものにも代えがたい魅力だと思っています。

脳の転換ステップ6
死ぬときに一番増える資産をどう使うか考える

徐々にリスクを高める投資手法を選択したら、あとは、それを継続していくことの重要性を脳に理解させます。最後の問いは以下です。

脳の転換Q

より多くの資産を構築することの大義目的は何でしょうか？　大義目的とは、利己を越えた利他につながる目的です。蓄えた財産と自分の人生を何に捧げるのかを認識し、自分の死後も資産を残すことは、自分にどのように役立ち、価値観を満たし、恩恵をもたらしてくれるでしょうか？

ここで、前章でお伝えした大義目的が再登場します。投資に必要な3つの心の状態は以下のとおりでした。

①心が満たされている状態にある
②資産をつくることに価値を感じている
③資産をつくることに大義目的がある

私がオススメする投資手法では、将来的に資産を取り崩すことはしません。**長生きすればするほど、資産が増えていきます。**

人間はどんなに多くの資産を持っていても、その資産が日々減っていく状況に置かれると、不安で仕方がなくなります。それゆえに、100億円、1000億円持っている富豪でも、お金の不安から解放されないのです。

繰り返しますが、多くのファイナンシャル・プランナーがオススメするマネープランでは、何歳まで資産を増やし、何歳から「取り崩す」というパターンで資産計画を立てることがほとんどです。最近では、死ぬときに資産をゼロにして死のう、という考え方を唱える方も出てきています。しかし、考えてみてください。

今日より明日、今年より来年、資産が減っていく生活を始めて、心の安寧《あんねい》が保てるでしょうか。ある時期から取り崩し、死ぬときには資産をゼロにするというマネープランは、まだそのタイミングが実感できないほど遠い未来だから考えることが可能なのです。

実際にそれを実行していけるか問われたら、やっていけると胸を張って答えられる方は少ないはずです。

私は、ある時点から資産を取り崩すというマネープランには反対です。

死ぬ前日まで資産が増え続けるマネープラン、人生設計を選択します。その実現のために、「投資を続け、かつ価値観に合った仕事を若いうちから選択し、会社をリタイアしたら、価値観に合った仕事を自分でやっていく。元気なうちは生涯現役で働き続けるキャリア設計」を練《ね》っていきます。リタイア後、次の仕事に向けてスムーズに立ち上がれるように、現役のうちに、価値観に合った仕事、または、仕事の中に価値観に合った要素を見出しておくのです。これが、バリューFIREです。

価値観に合った仕事は、やっていて楽しく、死ぬ直前まで現役でやり続けたいと思えます。生涯現役が実現するわけですから（しかも楽しく幸せに）、アクティブ収入も入り続けます。

パッシブ収入とアクティブ収入の両方が入り続ける人生になるので、人生最後の日が一番資産が多いという状態です。これほど安心なことがあるでしょうか。

そのためにも、**キャリア戦略と資産形成戦略は、両方を価値観に沿って一緒に考えていくことが重要なのです。**

仕事も資産形成も、価値観を満たすように行っていく。人間は価値観が満たされているときに幸せホルモンが分泌されて幸せを感じます。この叡智を活用したら、何かを達成したときにだけ幸せを感じる人生ではなく、**達成する前から、その過程の段階で幸せを感じる人生にする**ことができるのです。

自分が無意識にとっている行動をそのような人生に向かわせるために、冒頭の問いがあります。

死後に資産を残すことにメリットを感じなければ、「使いたい」との気持ちが勝ってしまい、このプランは机上の空論で終わってしまいます。「死ぬ前日が一番資産が多い」人生設計をしっかり実現していくためには、死後に自分の資産を残すことのメリットを脳に理解させることが必要です。

大義目的を持って資産形成することのメリットを挙げてみましょう。

・死後も自分の財産が世界に貢献してくれる長期的な基金をつくれる
・まだ見ぬ後世の人々にも、自分の価値を提供できる
・何世代にもわたって繁栄する家系をつくれる
・遺産や信託、相続のより洗練された計画についてマスターできる
・自分がつくった資産で、高い価値を感じる事業や人、慈善事業などをサポートできる
・遺産を末永く、家族や社会に残せる

これらを成し遂げる人は、よほどの成功者か偉人だけだと思うかもしれません。ですが一般人でも、死後に自分の資産を残すことは十分可能です。

そのために、毎日の暮らしで我慢することなく、実現可能なプランをつくって実行していきましょう。この投資手法が自分自身に安心と安定した人生をもたらしてくれることを、しっかり脳に理解させてください。

ここまでで、どのような人生設計とマネープランをつくっていくのかを決定し、経済的自立のための脳と心のつくり方を学んでいただきました。

第2部からは、いよいよ投資法そのものに入っていきます。プロの資産運用法、ポートフォリオ・マネジメントの旅に、いよいよ繰《く》り出していきましょう！

第2部

ポートフォリオ・マネジメントを始めよう！

第6章

成功する投資【基礎知識編】

成功する投資「ポートフォリオ・マネジメント」を始める前に

これから紹介する投資戦略「ポートフォリオ・マネジメント」は、プロのファンドマネジャーなら全員がやっていると言ってもよい方法で、目指す資産総額に可能な限り効率的に、かつ最速で到達することを目的とした手法です。

この手法は、「モダン・ポートフォリオ理論」という、少し理解することが難しい理論にもとづいているのですが、実践に関しては誰もができる簡単なものです。

ただし、投資の基礎知識や投資理論を知っておかないと、適切な運用ができなくなってしまいます。そこでこの第6章では投資の「基礎知識」を、第7章では「投資理論」を学び、第8章より実践編に移っていきたいと思います。

投資とは何か?

改めて、投資とは何かを確認しておきましょう。

投資とは、自分のお金を運用することです。運用とは、今あるものを別のものに変えて、その価値を増やすことを意味します。つまり、自分の現金を、ある会社の株やファンドに変えて、その価値を増やすことが運用であり投資です。

しかし今は、投資といったら紙切れ（証券）を売ったり買ったりして、その金額の差額を稼ぐことだと思う人もいます。これは運用でも投資でもなく、投機です。投機のことを資産運用あるいは投資だと誤解している人が非常に多いのが現状です。

本書では投機にあたる手法は取り上げません。プロが行っている資産「運用」の方法をお伝えします。

9割の個人投資家が理解していない投資における「リスク」

運用の際に欠かせない知識が、前章でもお伝えした「リスク」という概念です。「投資におけるリスク」を正確に理解することが、成功する投資には欠かせません。

ところが、個人投資家のほとんどの人が、「リスク」について正しく理解していないのが実情です。

「投資におけるリスクって、為替《かわせ》のリスクやカントリーリスク、デフォルトのリスク、元本割れリスクのことでしょ」と投資の上級者によく言われるのですが、残念ながら、これらのことでもありません。もちろんこれらは投資にかかわるリスクではありますが、これらとは別の次元で、絶対に知っておくべき「リスク」があるのです。

「リターン・リスク特性」という言葉を聞いたことがあるでしょうか？　ここで言うリスクが、投資をする際に理解したいリスクです。

リターン・リスク特性とは、投資から得られる「収益（リターン）」と、それが得られる「不確かさの特性（リスク）」という意味です。ちょっと言い回しが難しいですね。一つずつ理解していきましょう。

「リターン」についての基本

まず、投資の収益（リターン）ですが、これは1年間あたりで表示すると決まっています。ただし、ネット証券などで実績として表示されるリターンはこれではなく、買ったときの金額に対してどれだけ価値が増えたかを示しています。

つまり、3年前に買ったもので30％と表示されていたら、リターンは1年間あたりに直して表記する必要があります。SNSを見ていると、買った値段に対して今日の値段がどれだけ増えたかを「リターン30％！」などと投稿しているケースを見ますが、これでは誤解を招きかねません。3年で30％の上昇なら、1年間あたりでは3で割って（正しくは、1／3乗ですが、ここでは簡易的に3で割ります）、「3年間の年平均リターンは10％」と表現すべきです。

投資信託などの期待リターンや実績リターンは、すべてこのように年率換算した数値なので、それと3年間のリターン30％を比べて「すごい！」と言うのは、ナンセンスです。

具体的に例を挙げて見てみましょう。たとえば、100万円を投資して3年で130万円になったとします。リターンは、130－100＝30万円ですね。これは確かに元金100万円の30％です。

しかし、リターンは1年間あたりで表すので、30／3で10％です。リターンは年平均10％ということになります。この年平均という言葉は、当たり前なのでいちいち書かないことが多いです。そのため知らない方も多いのですが、投資で表示するリターンは必ず年間のリターン表示にする、と覚えておいてください。

「期待リターン」の意味

投資信託などで「期待リターン」と表示されているものは、すべて年間リターンの平均を指します。たとえば20年間運用されている投資信託Ａで、期待リターン７％という表示があるのであれば、20年という期間で、１年あたり平均して７％のリターンを確保した、という意味です。あくまでも「平均」なので、年によっては、プラス20％になった年もあったでしょうし、マイナス30％になった年もあったかもしれません。

過去に平均して７％リターンを上げられたのであれば、これからも年平均７％のリターンを上げられるだろう、と投資の世界では考えます。そのために、期待リターン７％という言い方をします。

リスクとは、期待リターンからのブレ幅の平均（％表示）

では、投資におけるリスクとは、どのようなものでしょうか？

リスクというと、一般的には、損失をこうむるリスクなどマイナスになることを指すと思います。しかし投資におけるリスクはそれとは異なり、期待リターンが取れるかどうかの「不確かさ」のことを指します。

「不確かさ」とは耳慣れない言葉だと思いますので、これも詳しく見ていきましょう。

先ほどの投資信託Aは、期待リターンが7%でした。年によっては、プラス32%になった年も、マイナス18%になった年もありました。このときそれぞれの年は、期待リターンより25%高かった（32－7＝25%）、25%低かった（－18－7＝－25%）という言い方をします。別のある年には、期待リターンより20%高かった、またある年には10%低かった、としましょう。

この4つの年の「期待リターンからブレた度合い（%）の平均」は、（25＋25＋20＋10）／4で、20%になります。この20%をリスクと呼ぶのです。

このようにリスクとは、**期待リターンから実際のリターンが外れた幅の平均（%表示）**を指します。

ここでは4つの年で計算しましたが、実際には毎月計算をして、過去3年間36カ月のズレ幅の平均を出します。投資信託などで「リスク」と表記されていたら、この数値を指しています。

期待リターンが同じだからといって、リスクも同じとは限りません。期待リターンが同じ7％であっても、リスクが20％の投資信託もあれば、10％のものもあります。

	期待リターン	想定リスク
投資信託A	7％	25％
投資信託B	7％	5％

表の例の場合、投資信託Aは投資信託Bよりリスクが高い、つまり、期待リターン7％からブレる「不確かさの度合い」がBより大きいということになります。

これを専門用語で、「不確実性」と呼びます。この不確実性が投資におけるリスクです。

たとえば、

投資信託A

7％と期待していたのが、マイナス18％になった年があった。期待から25％下にブレた。

投資信託B

7％と期待していたのが、2％になった年があった。期待から5％下にブレた。

期待リターンは同じなのに、ブレた幅＝不確実性＝リスクが異なります。

あなたは、どちらを選びたいでしょうか。

普通の人なら、同じ期待リターンなら不確実性＝リスクが小さいほうを選びます。

では、次の二つでは、どちらを選ぶでしょうか。

投資信託C

10％と期待していたのが、マイナス18％になった年があった。期待から下に28％ブレた。

投資信託D

7％と期待していたのが、マイナス2％になった年があった。期待から下に9％ブレた。

もし、リスクという概念があることを知らずに、このCとDを比較したら、どちらを選択していたでしょうか。期待リターンだけを見て、高いほうのCを選ぶかもしれません。すると、相場環境が悪化したある年、マイナス18％の損失をこうむってしまった……ということになります。Dを選んでおけば、マイナス２％で済んだのです。

リスクを考慮して投資を行うことを、「リスクをコントロールする」と言います。投資先のリスク（不確実性）を考慮せずに投資先を選ぶと、想定外の損失に見舞われることになります。

人間は、想定していた損失であれば恐怖を感じません。「想定内！　大丈夫！」とやり過ごすことができます。しかし、想定していない損失に見舞われると、ショックを受けますし、恐怖を感じます。そして不安と恐怖に負けて、売ってはいけない局面で売ったりしてしまうのです。

投資先のリスクを理解したうえで、不確実性がマイナス方向に出たときでも、その損失に自分が耐えられるかを吟味して、投資先を選ぶことがポイントです。これは投資の基本なのですが、個人投資家でやっている方を見ることはほとんどありません。

実は、これが投資の成否を分ける、とても大きな要素になるのです。

リスクを知らなきゃ投資先は選べない

投資先を選ぶにあたり、さらに重要なことをお伝えします。次の例を見てみましょう。

投資信託A

7％と期待していたのが、32％になった年があった。期待から上に25％ブレた。

投資信託B

7％と期待していたのが、12％になった年があった。期待から上に5％ブレた。

この場合、「Aのほうがいいのでは」と考えた方は多いと思います。先ほどと逆の選択です。このケースでは、どう考えたらよいのでしょうか？

先ほどの例では、Aはマイナス18％、Bは2％となり、マイナス方向にそれぞれ25％、5％ブレました。

今回の例では、プラス方向に25％、5％ブレました。

ブレた幅は、両方の例とも、Aが25％、Bが5％です。

しかしブレた方向が、先ほどの例ではマイナス方向、今回の例ではプラス方向と異なりました。あなたなら、どちらを選びますか？

どちらを選ぶかは、プラス方向にブレる確率と、マイナス方向にブレる確率、どちらが高いかで決めたいと思うかもしれません。


結論から言うと、**プラス方向にブレる確率と、マイナス方向にブレる確率は同じです。**

なぜなら、統計的な現象の多くは、平均からプラスに散らばる確率とマイナスに散らばる確率は同じである、という傾向があるためです。

これを統計学では、「正規分布に従う」という言い方をします。


正規分布は真ん中の値が平均値を表し、真ん中から左右に線対称になっています。

これは、事象が平均を軸に左右均等にばらけることを示しています。

たとえば算数のテストで平均が60点だとしたら、多くのケースで40点から80点までの間の点数は均等に散らばります。

投資の世界においても、リターンの出方は正規分布に従います。プラスに25％ブレるものならば、マイナスにも25％ブレます。30年統計を取って、どちらになる確率が高いかを分布図で表したら、正規分布になります。

すなわち、平均を中心に、左右に均等にリターンが散らばります。「プラスに25％ブレる確率と、マイナスに25％ブレる確率は同じ」ということです。

正規分布の図

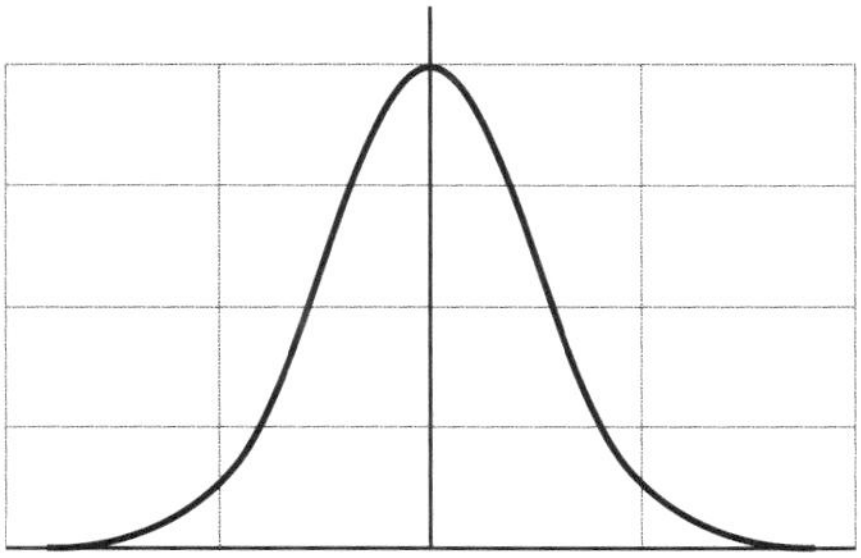

正規分布に従うときは
「平均値＝最頻値＝中央値」になる

それを知ったうえで、投資信託AとBのどちらを選択したいでしょうか。プラスにブレたときの大きさにフォーカスして、Aを選びますか？　マイナスにブレたときの大きさにフォーカスして、Bを選ぶでしょうか？

こう聞かれると、「市場環境による」と答える方が多いです。市場環境的に上昇相場になりそうならAを、下落相場になりそうならBを選びたいというものです。

すると、どうなるかというと、予想が外れて、プラス32％を想定していたものが、マイナス18％の損失をこうむった、という「想定外のサプライズ」が起きてしまいます。

今年はプラスに25％ブレて予想どおりだったとしても、喜んではいられません。来年はもしかしたらマイナスに25％ブレるかもしれないのです。再来年以降もマイナスにブレ続けるかもしれません。

では、どうすればいいのか⁉　そのための判断軸が「リスク許容度」です。リスク許容度については、本章の後半で解説しましょう。

リスクについてさらに理解を深めよう

ここで、新たな疑問がわきます。

「プラスにブレる確率とマイナスにブレる確率は同じ」だとしても、そもそもブレる確率はどのくらいなのでしょうか？

期待リターンと同じになる確率が80％ならば、ブレ幅はあまり気にしなくていいかもしれません。

逆にブレる確率が80％なら、期待リターンを享受できる確率は20％なので、5年に1回しかないということになります。これだと、投資を躊躇《ちゅうちょ》するかもしれません。

答えは、リスク幅以内に収まる確率が68％です。ちょっと難しいですね。

たとえば「期待リターン7%、リスク25%」の場合、毎年、資産が7%増えることが期待できますが、実際のリターンは25%上にブレて32%になる可能性もあるし、25%下にブレてマイナス18%になる可能性もあります。そして、マイナス18%から32%の間に収まる確率が約68%です。

「なにそれ? 68%って、どこから出てきた数字?」と混乱しますよね。

順を追って説明します。

多くの事象は正規分布に従う、投資の結果も例外ではないとお伝えしました。もう一度、123ページの正規分布図を見てみましょう。

横軸はある事象が起こる値、縦軸は起こる確率を示しています。

正規分布は左右対称で、中心から離れるに従って、なだらかなカーブを描いています。

これらは、以下を意味しています。

・平均値を中心として、左右対称

↓平均値から、下にも上にも同じように分布する

・中心（平均値）から離れるに従って、なだらかなカーブを描いて低下する

↓平均から離れたところにある値ほど、起こる確率が低くなる

この散らばり具合を示す図で、ちょうど68％の確率で起こるポイントを、「1標準偏差《へんさ》」と呼びます。これは、統計学の世界での決めごとです。1標準偏差は1シグマ、とも呼ばれます。〈σ〉と表記されます。

算数のテストの結果が平均60点で、1標準偏差が20点であれば、1標準偏差の範囲は、40点から80点です。40点から80点の間に68％の生徒が入っているという意味になります。中には、90点の子もいるでしょうし、30点の子もいるでしょう。しかし、起こる可能性が低いデータまで考慮していると、今回のテストがどのような散らばり具合になっているのか「傾向」をつかむことが難しくなります。

そのため、上にも下にも68％の確率で起こる値を1標準偏差として、常にそこを基準にして散らばり具合をつかみます。

この考え方ができたことで、あらゆる事象について、平均からの散らばり具合を同じ物差しで測ることができるようになりました。

平均点が60点、1標準偏差が10点なら、68％の生徒が50点から70点の間に入る、平均近くの点数の人が多かったということになります。

平均点が60点、1標準偏差が30点なら、68％の生徒が30点から90点の間に入る、成績がバラけたということになります。点数が良かった人と悪かった人の差が激しかった、ということです。

そして投資の世界でも、1標準偏差、すなわち68％の確率で起こる値を「リスク1単位」にしましょうと決めたわけです。

これを決めておけば、実際のリターンは、68％の確率で、過去の平均（期待リターン）からどのあたりに着地する可能性があるのかをつかむことができます。

期待リターンが30％、1標準偏差（1リスク＝1σ）が50％なら、実際のある年のリターンは、68％の確率でマイナス20％からプラス80％の間に収まるという意味です。

かなり期待から外れますよね。マイナス方向にブレたら、「そんなこと、聞いてないよ！」と動揺し、怖くなって売ってしまうかもしれません。

しかし、これを最初から知っていたらどうでしょうか。私たちの脳は、最初からわかっていたら「想定内」と判断して驚きません。怖さも感じません。マイナス20％になったとしても、「ノープロブレム、知ってたよ」と冷静でいられ、合理的な判断ができるのです。

「えー、わかっていても、30％を期待して買ったんだから、マイナス20％はイヤだよ」と思った方、そこが重要です。リスクを知っていたら、買わなかったわけですよね。リスクを知っていたら買っていなかったものを、リスクを知らなかったために買ってしまう。そして想定外のリターンを見て、狼狽《ろうばい》売りし、高値で買って安値で売るという投資行動になってしまうのです。

これが、投資がうまくいかない最大の理由です。

投資は、必ずリスク値（％）を確認してから買おう

個別株などは、リスク値が70％、80％にもなるものがざらにあります。ものによっては200％といった値になる銘柄もあります（リスク値は過去のリターンの散らばりから計算するので、この銘柄はこれ、と決まっているわけではなく、常に変化します）。70％も期待リターンからブレることを、平常心で見ていられるでしょうか？　そんな人は投資上級者の中にもあまりいないと思います。

ということは、どういうことか。個別株は、投資を始めたばかりのリスク許容度が低い状態で、いきなり買えるものではない、ということです。

リスク値はどんな投資先でも、それが株でも、債券でも、投資信託でも、3年の実績があれば計算できます。運用者は計算する義務があり、リスク値は公表されています。ネットでも公表されているものなので、実際に買う前に期待リターンから68％の確率で、プラスマイナス何％から何％に収まるものなのか**リスクを確認し、それでも買うかどうかを自分に聞いて、答えが自信のあるYESのときだけ買うようにしましょう。**

答えがNOだったら、それはあなたにはリスクが高すぎる、すなわち、平常心を持って投資し続けられない、買ってはいけない投資先ということになります。

・何を買ったらいいのか？
・何を買ってはいけないのか？

この判断をどこでしたらいいのか、多くの個人投資家のみなさんは知りません。だから、投資の正体がつかめずに、投資に踏み切れなかったり攻めすぎたりして失敗してしまうのです。

リスク値で判断する。

この基準があれば、なんだか不安だなと思いながら、雲をつかむようなイヤな感覚を持つことなく、投資を続けることができるでしょう。

リスク許容度を知れば投資は怖くない

投資先はリスク値を見てYESかNOを決めるとお伝えしました。ここで問題になるのは、毎回一貫性を持って答えられるかどうかです。気分がよくて自信にあふれているときにはYESになり、自信を失っているときにはNOとなってしまうのでは、購入後に動揺して平常心を維持できなくなる可能性があります。

では、回答に一貫性を持たせるには、どうしたらよいでしょうか。

そこで登場するのが「リスク許容度」です。**リスク許容度とは、自分が耐えられるリスク量（%）のことを指します。**

たとえば期待リターン7%の投資先で、リスクが30%のものまで買っても（±30%ブレても）平常心でいられる方であれば、**リスク許容度30%**です。

期待リターン7%の投資先で、リスクが10%のものまで（±10%のブレまで）しか買えないという方は、**リスク許容度10%**です。

最近、SNSなどで「リスク許容度内で投資をしましょう」と言っている方がいますが、その意味を間違えて理解しているケースが散見されます。

「戦争が始まったから、『自分が不安を感じない金額』はどのくらいなのか見直して、リスク許容度の範囲内で投資をしていきましょう」

という主旨の投稿がありました。投資金額とリスク許容度には何の関係もありません。リスク許容度とは、パーセンテージで表される期待からのブレ幅です。投資規模はリスク許容度ではありません。

本書でリスク許容度の正しい意味と使い方を、しっかり身につけていただきたいと思います。

自分のリスク許容度をチェックしよう

リスク許容度は、さまざまな要因で決まります。その診断を全部自分で行うのは少し難しいので、ネット上に無料公開されている診断シートなどを使うといいでしょう。

例として、以下に明治安田生命保険がネット上で公開しているリスク許容度診断シートのＵＲＬを紹介します。

【リスク許容度診断シート】

https://www.meijiyasuda.co.jp/401k/pdf/chishiki/portfolio_04.pdf

リスク許容度がわかったら、どの投資信託なら買えるのか、どれは買えないのかが決まります。左ページの図は、さまざまな投資信託のリスク・リターン特性を示した図を、りそなグループのＷＥＢサイトから引用したものです。

この図ではリスクが横軸、リターンが縦軸で示されています。投資のリスク・リターン特性は、必ず横軸がリスク、縦軸がリターンで示されるので覚えておきましょう。

さてこの図で、横軸の自分のリスク許容度の箇所に、点を打ってください。そこから、縦方向に上に線を引いてください。リスク許容度10％の人は、横軸の10％のところから上に縦線が引かれるはずです。リスク許容度20％の人は、横軸の20％のところから上に縦線が引かれるはずです。

その線から右側のものは、買えない投資先です。なぜなら、あなたのリスク許容度を超えるものだからです。それらを買ったら、平常心で投資を続けることができません。

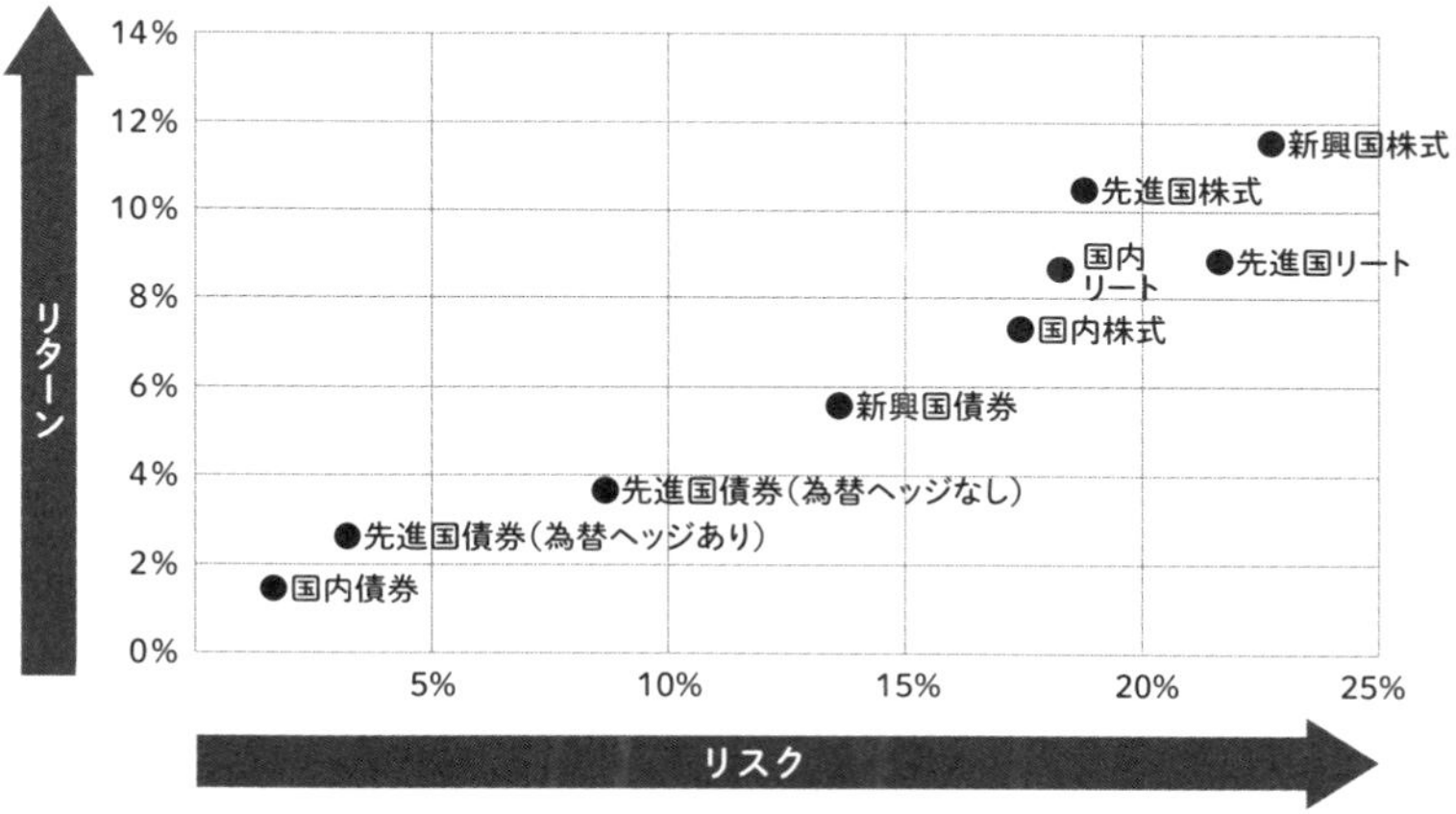

引用出所：りそなグループ.「投資対象資産のリスク・リターンを押さえよう」. みんなが知りたい資産運用. https://www.resonabank.co.jp/kojin/column/toshin/salon/column_0001.html,（2024-2-19 アクセス）

この決め方であれば、そのときの気分やコンディションに関係なく、買うか買わないかの判断に一貫性が生まれます。

リスク許容度を知らないことの弊害

投資とは、自分の欲しいリターンのものをなんでも選べるわけではなく、自分のリスク許容度によって、買えるものと買えないものが決まってしまうものです。

どれを買うか、リターンを軸にして判断したら、誰だってリターンが高いほうを選びますから、リスクという概念を知らないと、どんどん高いリターンを追い求めることになります。すると、リターンとリスクは正比例するので、高いリターンを求めた結果、高いリスクを取ることになります。リスクについて知らなければ、高いリスクを取ってしまっていることに気づかないで、買ってしまうことになります。

その結果、先にお伝えしたように、想定していないマイナスに見舞われてびっくりし、持っていることが怖くなり売ってしまう、ということになるのです。

特に、海外ファンド、IPO（新規上場株投資）、ヘッジファンド、変動の大きい個別銘柄、流行りのテーマ投資などは、リスクがかなり高いものが多いので、しっかりリスク値を調べ、自分のリスク許容度内に収まっているかどうかを見極めることが重要です。

また、診断で出てきたリスク許容度も、実は万全ではありません。リスク許容度診断では10%と出たとしても、実際には5%下がっただけで恐怖を感じてしまう人もいます。その場合には、リスク許容度を4%以下まで下げ、保有しているものを見直す必要があります。


リスク許容度を知らないことの弊害はもう一つあります。それは、無駄に安全志向に走り、リスクが低すぎる運用になってしまうことです。

たとえばリスク許容度が10%あるのに、2%しかリスクを取っていないケースなどがこれに当たります。先にお伝えしたとおり、リスクとリターンは正比例します。低いリスクしか取らなければ、低いリターンしか期待できません。

iDeCo《イデコ》（個人型確定拠出年金）枠で運用先に定期預金を選択しているのは、そのよい例です。リスク許容度が10％あるなら、分散を図れば（分散については、次項で詳述）、株式などのリスク資産に投資をする投資信託（ファンド）を選ぶことができます。

iDeCo枠は、得られたリターンに税金がかからないという制度です。定期預金のリターンは、本書執筆時点ではほぼゼロなので、わざわざiDeCo枠を使う意味がありません。定期預金したいなら、iDeCo枠を使わず直接定期預金に入れておけばよいです。せっかくの非課税枠を定期預金に使ってしまうのはもったいないことです。

iDeCoを活用している方の実に80％が、iDeCo枠で定期預金しているというデータがあります。とてももったいないことをしていると思います。

リスク許容度は変化していく

自分のリスク許容度を知っておくと、安心かつ効率的に自分の資産を増やすことができます。診断シートにあったとおり、リスク許容度は「資産運用の目的」「現在の運用資産総額」「資産運用期間」「金融リテラシー」「運用経験」などによって決まるものです。キャリアや人生のステージ、状況によって、これらの要素は変化していくものなので、当然リスク許容度も変化していきます。

たとえば、投資を始めたばかりの頃は運用資産総額は少なく、経験も浅く、金融リテラシーも低いので、リスク許容度が小さくなります。しかし、キャリアや人生のステージが上がるにつれて運用資産総額が増え、経験を積んだり知識を習得したりして金融リテラシーが高まったら、リスク許容度は大きくなります。

取れるリスクが大きくなれば、期待リターンも高くなります。そのため私は、**リスク許容度の高まりに応じて、期待リターンを高めていくことを推奨しています**。

最初は手堅く、リスクを低めに抑えて安定性を重視し、少しずつ資産を増やしていきます。その後、リスクが取れるようになったら積極的にリターンを取りにいくことで、運用資産総額が急カーブで伸びていくのです。

ここまでをまとめると、投資を始める際は、

・まずリスクについて正確に理解をする
・自分のリスク許容度は何％かを数値で把握する

・投資先を選ぶときは、リスク許容度内のものを選ぶ
・高いリスクを取るのは、リスク許容度を高めてから

これらを徹底していけば、リスクを取りすぎて下げ相場で狼狽売りすることなく、安定して資産総額を増やしていくことが可能になるでしょう。

「リスク分散」の本当の意味を知ろう

リスク分散とは？

自分のリスク許容度よりリスクが高い銘柄は、リスク許容度が上回るまで買えないのでしょうか。たとえば、日本株式のパッシブファンド（指数連動型のファンド）はリスク17％ですが、リスク許容度10％の人には買えないのでしょうか？

そんなことはありません。ここで登場するのが「**リスク分散**」という概念です。

リスク分散とは、リターンパターン（いつリターンが高くなり、いつリターンが低くなるか）の異なる資産を複数組み合わせることにより、グループとしてリターンのブレ幅を小さくすること、と定義されます。

一つだけだと自分のリスク許容度を超えたものは買えませんが、二つ以上を組み合わせることで、全体のリスクを小さくできるのです。「え、そんな魔法のようなこと、できるの？」と思うかもしれません。それが、できるのです。順を追って説明していきます。

相関関係と相関係数

ここにリスク20％の銘柄Aと、リスク30％の銘柄Bがあります。この二つを50％ずつ持つことにしました。二つのリスクの合計は、どうなるでしょうか？　20％と30％の平均で、25％かな？　と思うかもしれません。

しかし、二つ合わさると、場合によっては10％にすることができます。

なぜ、リスクが20％と30％のものを買って、二つのリスクが10％になるのか？

その秘密は、それぞれのリターンが同時に同方向に動くのか、それとも別方向に動くのかに関係しています。

同時に同方向に動く二つのことを、「正の相関関係にある」と表現します。同時に逆方向に動く二つのことを、「負の相関関係にある」と表現します。

141ページの図を見てください。

上図は、同時に同方向に動いています。これは、正の相関関係です。中図は、同時に逆方向に動いています。これは、負の相関関係です。

正の相関関係にある二つは、リターンが高くなったり低くなったりする時期が同じです。負の相関関係にある二つは、それらが真逆です。

たとえば、銘柄Aは景気が回復する時期に大きなリターンを上げ、銘柄Bは景気が後退する時期に大きなリターンを上げるとすると、この二つは負の相関関係にある、と言えます。

また、両者がどの程度の相関関係にあるのかを示す数値を、「相関係数」と言います。

141ページ下図を参照してください。

Aが1動いたらBも1動く、としたら「相関係数1」と表します。

Aが1動いたらBは0・5動く、としたら「相関係数0・5」と表します。

どちらも同時に同じ方向に動いているので、「正の相関関係にある」と表現します。


では、逆の方向に動くケースを見てみましょう。


Aが1動いたらBはマイナス1動く、としたら、逆方向に動くので「負の相関関係」にあり、「相関係数マイナス1」と表現します。

Aが1動いたらBはマイナス0・5動く、としたら、逆方向に動くので「負の相関関係」にあり、「相関係数マイナス0・5」と表現します。


相関係数は、マイナス1からプラス1の間の値を取ります。

相関係数の中央の図は、相関関係がまったくない状態です。

負の相関関係にある銘柄を複数組み合わせて買うと、それぞれのリターンは相殺《そうさい》されます。相殺されるということは、毎年の期待リターンからのブレ幅が小さくなるということです。A、Bそれぞれ単独でのブレ幅は大きくても、お互いがお互いを相殺するので、グ

正の相関関係を持つ銘柄同士の組み合わせ

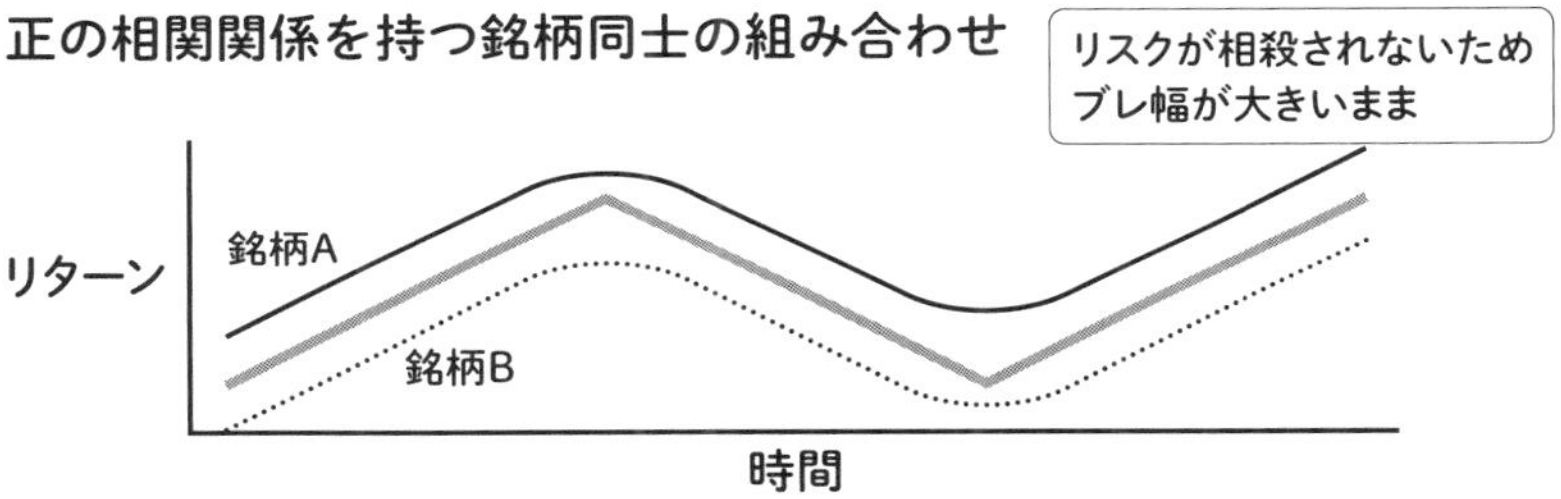

負の相関関係を持つ銘柄同士の組み合わせ

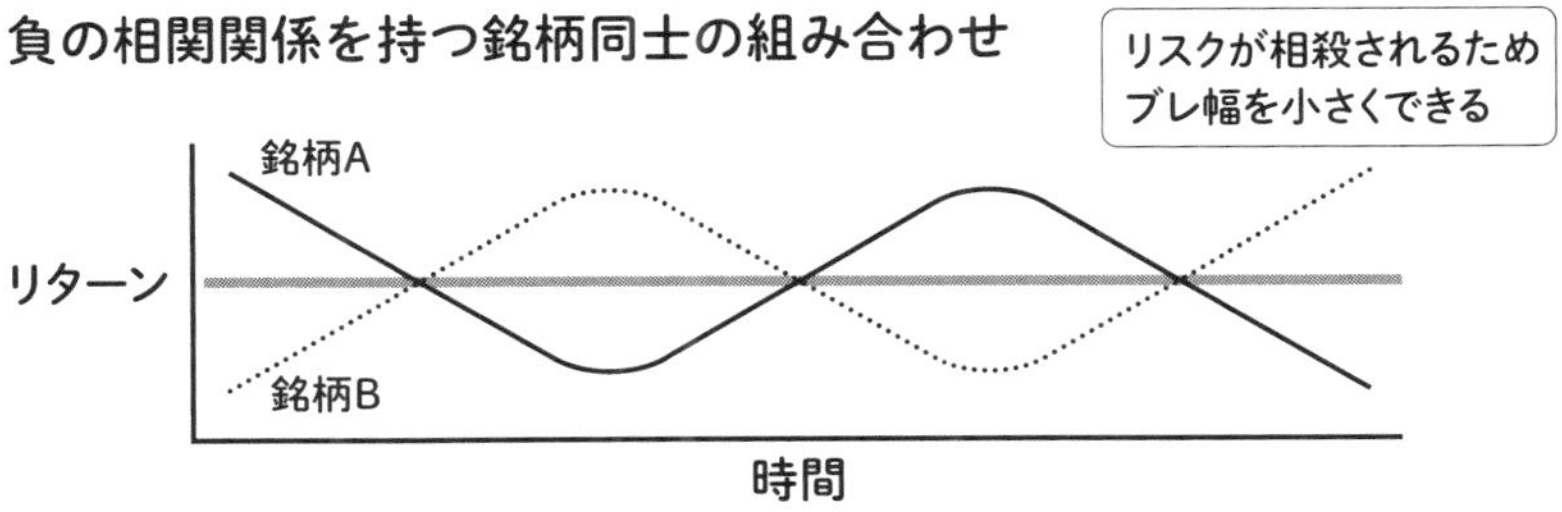

相関係数

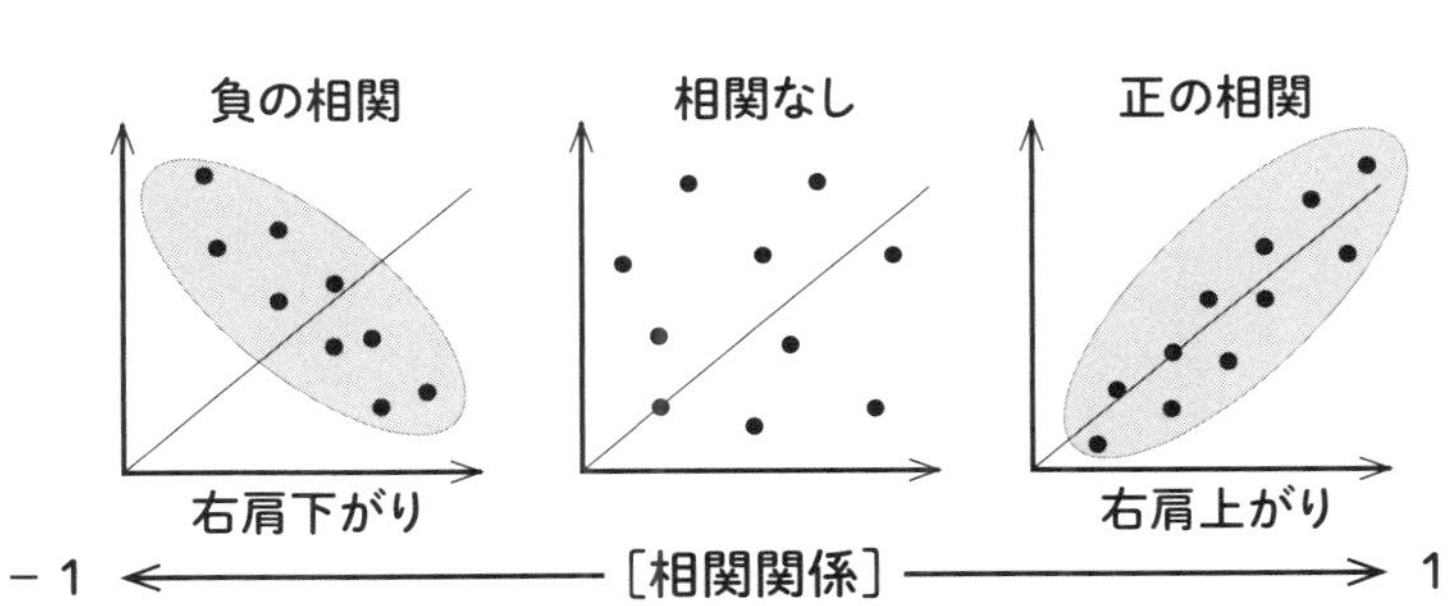

凡例：右上に伸びる線が銘柄A、散らばっている点が銘柄Bを示す

ループとしてのブレ幅は小さくなるのです。二つ買うことで、リスクが小さくなる。これが「リスク分散」の効果であり、目的です。

自分でポートフォリオを作成する際は、負の相関関係を持つ銘柄同士を組み合わせて保有することがとても重要です。

負の相関関係を持つ銘柄同士を組み合わせると、グループとしてのブレ幅は小さくなります。理論的には、ある一定期間まったく同時に、同じブレ幅で鏡のように逆方向に動き続けたら、ブレ幅をゼロにすることができます。つまり、常に期待リターンピッタリのリターンを享受できるということです（141ページ中図）。

一方で、正の相関関係を持つ銘柄同士を複数組み合わせても、141ページ中図のようにグループとしてのブレ幅は小さくなりません。これは、リスク分散効果が得られない組み合わせです。

リスク分散と相関関係

正の相関関係にある銘柄をどんなにたくさん買っても、「リスク分散効果」（リスクが小さくなる効果）は得られません。

私のところに相談にいらっしゃる方のポートフォリオを見せていただくと、30〜100銘柄持っているという方がいます。聞けば、リスク分散のためだとおっしゃいます。しかし、買っている銘柄を見ると、どれも同じ動きをするもの、すなわち、正の相関関係にあるものばかりです。残念ですが、これではリスク分散にはなっていません。

「これから何が上がるか？」という視点だけで買っていると、正の相関関係同士の銘柄をたくさん買ってしまうことになります。何十銘柄も買うのは、「そのうちどれかが上がってくれればいい」という、数打ちゃ当たる精神なのかもしれませんが、その考え方では資産を増やしていけません。

よく考えてみてください。たとえば10銘柄持っていたとして、それらの昨年の上昇の平均が10％だとします。その場合、100万円投資していたら、110万円になったということです。その保有銘柄たちが今年は下がる相場環境になり、10銘柄の平均リターンはマイナス10％になったとしましょう。昨年110万円まで増えた資産は、その10％、11万円を失うことになるので、結果99万円になってしまいます。

上がったり下がったりを繰り返す、変動性の高い投資をすると、資産が増えていかないばかりか減らしてしまうことも少なくありません。

リスク分散とは、この変動性を穏やかにするために行うものです。

わかりやすく、二つの銘柄を半分ずつ買うケースを例にしてみましょう。

【正の相関関係にある二つの銘柄を買ったケース】

銘柄AとBは、両方とも景気回復時に上昇する銘柄です。今年は景気が順調に回復しました。年が終わってみると、Aは30%、Bは10%上昇しました。

資産全体がどれくらい増えているか確認してみましょう。50%ずつ買っていたので、(30%)×0・5+(10%)×0・5＝20%で、資産は20%増えました。

では、翌年はどうなったでしょうか。翌年は景気が後退し始めました。Aは30%下落し、Bは10%下落しました。資産全体の増加率は(－30%)×0・5+(－10%)×0・5＝－20%です。

つまり資産は、1年目に20%上昇し、2年目に20%減少したことになります。

原資100万円を入れていたら、1年で120万円になり、2年目で 120×0・8＝96万円になってしまいました。

正の相関関係にある二つの銘柄を半分ずつ組み入れるポートフォリオでは、この2年で資産は100万円から96万円に減ってしまったことになります。

【負の相関関係にある二つの銘柄を買ったケース】

一方、負の相関関係にある二つの銘柄を買ったケースを見てみましょう。一つは景気回復時に上昇する銘柄C、もう一つは景気後退時に上昇する（持ちこたえる）銘柄Dを買いました。今は、景気回復期です。年が終わってみると、Cは30％上昇し、Dは10％下落しました。

資産全体がどれくらい増えているか確認してみましょう。1銘柄が下落してしまったので、30％×0・5＋（－10％）×0・5＝10％で、資産は1年目に10％しか増えませんでした。100万円が110万円にしかならなかったということです。

では、翌年はどうなったでしょうか。翌年は景気が後退し始めました。Cは30％下落し、Dは10％上昇しました。資産全体の増加率は（－30％）×0・5＋（＋10％）×0・5＝－10％で、10％下落しました。1年目に110万円になった資産は、110万円の10％、すなわち、11万円減ったので99万円になりました。

つまり、正の相関関係にある銘柄よりも、負の相関関係にある銘柄を選んだほうが、2年後の資産総額は高かったという結論になります。

これが、リスク分散効果です。

リスク分散とは、なんでもいいから複数購入することではなく、正の相関関係同士ではなく、負の相関関係にある複数の資産を購入することでのみ可能になります。

「すべての卵を一つのバスケットに入れるな」とは、分散を表す格言として有名ですが、同じ動きをする卵をバスケットに入れたら、いくら複数に分けても分散効果は期待できません。「違う動きをする」「負の相関関係にある」複数の投資先を選んで投資する必要があるのです。そうすることで初めて、分散効果を享受することができます。

これが、後述するポートフォリオ構築において欠かせない、「モダン・ポートフォリオ理論」とその中核を成す「平均分散モデル」です。言い換えれば、「負の相関関係にある複数の銘柄を、リスクが最小になるような配分で組み合わせて構築されるポートフォリオ」のベースとなるものです。ここでしっかり、理解していただきたいと思います。

「下がりそうな銘柄」を購入するには?

ここまで、理論的には理解いただいた方も、実際にポートフォリオをつくろうとすると、とても難しく感じるでしょう。なぜなら、今この瞬間に「これから上がりそうなものはどれだろう?」と考えて選んだら、それらはたいてい正の相関になってしまうからです。

負の相関のものを選ぶには、今から「下がりそうなもの」を購入する、という行為が必要になります。これから下がりそうなものをわざわざ買うことには、抵抗感があります。

しかし、安定したポートフォリオを構築するためには必要なのです。

何回もお伝えします。**「上がりそうなもの」を次から次へと買っていく投資ではなく、全体としてリスクが小さくなるような「負の相関」にある複数の銘柄を購入してください。**

だからこそ、投資には長期目線と、それをつくる投資脳(消費脳ではなく)が必要なのです。


ちなみに、以下のようなウォーレン・バフェットの名言があります。

投資で成功するためのルールは、
ルール1　損失を最小限に抑えること
ルール2　ルール1を守ること

ルール1を守るための手段として、リスク分散があります。リスク分散をなぜ行うのか、その目的をしっかり理解しておくことが大切です。

リスクを分散させる6つの方法

購入する銘柄を分散する以外にも、リスクを分散させる方法があります。以下の6つの方法を頭に入れておきましょう。

①資産クラスの分散

資産クラスとは、投資先の種類のことです。株、債券、不動産、実物資産などが主な資産クラスとして挙げられます。株の中にも、日本株、米国株などの資産クラスがあります。異なるリターンパターンを持つ資産クラスに投資することで、リスクを小さく（リスク分散効果を大きく）できます。

②時間の分散

異なるタイミングで購入し、長期で運用することによりリスクを小さくします。時間の分散の代表例が、ドルコスト平均法（237ページに詳述）です。毎月定額を投資することで（異なるタイミングで投資することで）、平均購入コストが下がります。タイミングを見ないことがポイントです。たとえば、毎月1万円を投資する場合、1株5000円のときは2株（平均コスト5000円）、1株1000円のときは10株（平均コスト1000円）を購入することになります。長期運用のメリットは、運用期間が長いほど、年平均のブレが小さくなることにあります。

③地域の分散

異なるリターンパターンを持つ地域に投資する（国際分散をする）ことで、リスクを小さくします。

④セクターの分散

異なるリターンパターンを持つセクター（産業）に投資することで、リスクを小さくします。

⑤テーマの分散

異なるリターンパターンを持つテーマ（たとえば「気候変動」や「インバウンド」など、話題になっている投資テーマのこと）に投資することで、リスクを小さくします。

⑥銘柄の分散

異なるリターンパターンを持つ銘柄群に投資することで、リスクを小さくします。景気に左右されないディフェンシブ銘柄、景気に敏感な（左右される）シクリカル銘柄が例に挙げられます。

「これからどれが上がるか」という視点だと、この二つを同時に買うことはできません。なぜなら、もし今が景気回復期であれば、ディフェンシブ銘柄は候補には挙がらないでしょうし、もし今が景気後退期であれば、シクリカル銘柄は除外されてしまうからです。

「なんとかして高いリターンを得よう」として投資をすると、リスク分散が効いたポートフォリオを作成することはできないのです。逆の動きをするものを複数組み入れることが、成功する投資では絶対に外せないポイントです。

知られていない「投資哲学」の重要性

プロは誰でも持っている投資哲学

「投資哲学」という言葉を聞いたことがあるでしょうか？

投資哲学とは、投資をするにあたって、何があっても守っていく、自分に対するグラウンドルールのようなものです。市場環境によってコロコロと投資手法を変えると、長期にわたって安定したリターンを上げることは難しくなります。投資行動には一貫性を保つ必要があるのです。

たとえば「投資の神様」と言われるウォーレン・バフェットは、ITバブルのときに、IT銘柄に投資をしませんでした。上昇気流に乗っていたIT銘柄に投資をしなかったために、彼の運用するファンドは成績がガタ落ちしました。しかし、彼は自分の投資哲学「理解できる事業であること」「適正価格であること」を守り抜いたのです。

当時は、社名にドットコム（.com）とついていれば、それだけで株価が上がる時代でした。人々はその企業が何をしているかわからなくても、その企業の株を購入しました。買いが買いを呼んで、IT銘柄はとどまるところを知らずに上昇していきました。

ITバブルが進むにつれ、価格はさらにつり上がり、バリュエーション（割安度合いを表す指標）が著《いちじる》しく上昇しました。理屈で説明できないほど割高になったのです。それでも、人々は買うことをやめませんでした。

適正価格より安い割安な株を購入する手法を取るプロのバリュー投資家の中にも、すでに割高になっていた銘柄を購入し始める人が出てきました。「ITはこれまでの投資の理論をまったく古いものにしてしまった。ＩＴ銘柄の成長性を前にしたら、既存のバリュエーション指標はもはや何の意味もない」というのが、その理由でした。バリュー投資家がこぞって、グロース投資家（割高であっても、成長性を見込んで購入する手法を取る投資家）になってしまったのです。

投資は一貫性を失うと失敗します。彼らはプロですから、それを知っていました。それでも、すでに高すぎるのにまだ上がり続けるＩＴ銘柄を買わなければ、市場平均（指数）に勝つこともままならなくなってしまう。その恐れと顧客からのプレッシャーに負けて、「ゲームのルールが変わったんだ」というそれらしい理由を掲《かか》げて、原則を無視してグロース銘柄を仕込みました。

一方のバフェットは、それらの人々を尻目に、決して食指《しょくし》を動かすことはありませんでした。どんなにＩＴ銘柄が勢いよく上昇していても、バリュエーションが高ければ買わず、その企業が何を収益源にしているのかがわからなければ、手を出すことはありませんでした。「その会社の事業を理解できなければ買わない」「適正価格ではないものは買わない」という自分の投資哲学を守り抜いたのです。

そして、ご存じのとおりにＩＴバブルは弾けました。投資家のほとんどが大きな損失に見舞われました。自らの投資哲学を破ってグロース投資に転向したバリュー投資家の成績は、特に惨憺《さんたん》たるものでした。バリューマネジャーは割安な銘柄を発掘する能力に長《た》けてはいても、グロース投資における専門性は高くなく、これまで経験のないグロース投資にいきなり挑戦しても、よい結果が出せるわけがなかったのです。

そんな中、投資哲学を守り抜いたバフェットのファンドは一人勝ち状態となり、ITバブル崩壊の影響をほとんど受けることがありませんでした。

ITバブルの生成と崩壊のようなブーム（生成）とバスト（崩壊）は、いつの時代にも繰り返しやってきます。暗号資産（仮想通貨）しかり、今であれば、AIがそれにあたる可能性があります。そのような特別なブームがないときでも、市場や経済には「サイクル」があります。そのサイクルによって投資手法を変えたり、サイクルを後追いしたりすると、パフォーマンスは悪化します。サイクルに合わせて、同じ手法で異なるポジションを取ることはあっても（たとえば、景気後退期に入るのでディフェンシブ銘柄を厚めにするなど）、「異なる手法」を取ってしまっては、ITバブル期に被害をこうむったバリューマネジャーと同じ轍《てつ》を踏むことになります。

投資行動の一貫性は、成功する投資になくてはならないものです。そして、投資哲学を持っていれば、一貫性を保つことができます。市場が動揺しても自分は動揺せずに、一貫して自分の信じているスタイルで投資を続けていくことができるのです。

投資哲学のつくり方

では、投資哲学はどのようにつくったらよいのでしょうか。私は個人投資家の方には、プロのファンドマネジャーとは少し異なる形を推奨しています。個人投資家が投資哲学に入れてほしい要素は、以下の４つです。

①何のために投資をするのか
②どんなときも遵守する投資ルール
③どんなときも遵守する投資スタイル
④どんな企業を応援したいか

一つずつ確認していきましょう。

①投資の目的を決める

これが決まると、ゴールとする資産総額と運用期間が決まります。すると、今の資産総額と運用期間をベースに、年間いくらを投資して、いくらのリターンを得ていけば達成可能かがわかります。そこで自分のリスク許容度を加味して、いくらのリターンをねらうかを決めます。結果、何に投資するか、どんな手法が最適かが決まってきます。

②投資のルールを決める

バフェットのように自分独自の投資ルールを決めます。個人投資家ですから、信用取引（他人から借りたお金を投資して高いリターンを得る手法）や、レバレッジ（リターンが2倍や3倍になる手法。当然、損失も2倍、3倍になるリスクが高い）をかける投資はしないなど、「しない投資」を決めておくのも、とてもよいと思います。第10章でお伝えする「やってはいけない！　投資の落とし穴」も参考にしてみてください。

③投資のスタイルを決める

これはアクティブファンド（184ページ参照）を買わない限り、関係ないことですが、多くの方がアクティブファンドとパッシブファンド（インデックスファンド）（183ページ参照）の違いもわからずに買っているので、まずはこの二つを見分けることから始めてください。

パッシブがいいかアクティブがいいかの議論は常にされていますが、私は、**リスク許容度が低いときにはパッシブファンドを、リスク許容度が上がったら徐々にアクティブファンドも買い始める、という手法を推奨しています**。パッシブを中心に据えて、アクティブにも資産の何割かを振り向ける手法です。

アクティブファンドに投資をする段になったときのことを考えて、あらかじめどのスタイルにするかを決めておき、それを投資哲学として確立しておきます。アクティブファンドのスタイルにはさまざまなものがありますが、もっとも代表的なものは、前述したグロースとバリューです。

ファンドマネジャーの場合、グロースファンドの運用をするのであればグロース스タイル、バリューファンドの運用をするのであればバリュースタイルと、通常、どちらかのスタイルを取ります（厳密には、GARPという両方を組み合わせた手法もあります）。しかし私たち個人投資家の場合は、グロースファンドもバリューファンドも、どちらも買うことができます。

むしろ両方購入して、「スタイルの分散」を図ることをオススメしています。

その場合、「グロースとバリューをバランスよく組み合わせて、収益の最大化を図る」といった投資哲学になります。実はこれが、リターンを継続的に安定させる「カギ」になります。

④「どんな企業を応援したいか」を決める

リスク許容度の高まりに従って、パッシブファンド、アクティブファンド、とリスクを高めてきたら、次に個別銘柄への投資に参入することが可能になります。

逆に言うと、**長期にわたって安定したリターンをねらうためには、いきなり個別銘柄投資から始めることは避けたほうがいい**のです。個別銘柄のリスクは70%、80%になるものがほとんどで、投資を始めたばかりの人のリスク許容度を大きく上回るためです。お伝えしたとおり、リスク許容度を超えた投資は失敗します。いきなり個別銘柄を買える個人投資家はそうそういないはずです。

リスク許容度が十分に高まったら個別銘柄投資に入りますが、その際、どんな企業を応援するのかを投資哲学として決めておくことをオススメします。「なぜ」その銘柄を買うのかを表す盤石《ばんじゃく》な購入目的となり、少しくらい相場が荒れても、持ち続ける強さを発揮できるためです。目的が明確であれば心がブレないのは、投資も人生も同じです。

たとえば「地球にやさしい」企業を応援したいと思えば、煙を吐く大工場でつくっている商品を売る企業ではなく、新興国の労働者が手づくりしている商品を売る企業に投資をする、などが挙げられます。成長性や収益性はあまり高くないけれども、その企業が生み出す価値やミッションに共感する、いわば「共感投資」とも呼べるものです。

自分が共感できるビジネスをしている企業だから、応援するために買う、ということであれば、多少株価が下落しても簡単には手放さないはずです。その企業の成長のために出資し、生まれた果実を享受するという気持ちになるため、長期的な目線でじっくり育てていくことができるでしょう。


このような投資哲学を持っていると、市場の動揺時でも慌てずに、決めた投資ルールを守り、決めた手法を取り続けることができます。

投資は感情的になったら失敗します。投資哲学とは、もしそれを持っていなかったら感情的になってしまうような局面でも、淡々と投資を続ける強さをサポートしてくれるものなのです。非合理で残念な投資家にならないためにも、あなたを見守る「お目付役」をつくることをオススメします。

第7章

成功する投資【投資理論編】

身につけたら一生助かる「モダン・ポートフォリオ理論」

モダン・ポートフォリオ理論とは？

ここまで、リスク、リスク許容度、リスク分散、投資哲学といった、成功する投資に必要な基礎知識について学んできました。第7章では、いよいよポートフォリオ・マネジメントに必要な投資理論の解説に入ります。

これまで何百年にもわたって、どうしたら投資を成功させることができるのかを、さまざまな専門家が研究してきました。その中で、効用が認められ、現在でも幅広く使われているものの一つに、「モダン・ポートフォリオ理論」があります。

これは海外でも大学院に進まないと学ばない理論で、日本の個人投資家のみなさんにはあまりなじみがないかもしれません。そして、「そんなものは知らなくても、資産は増やせる」という人もいるかもしれません。

しかし、世界中のプロのポートフォリオ・マネジャー（ファンドマネジャー）は、モダン・ポートフォリオ理論にもとづいて投資を行っています。それを考えると、個人投資家の私たちも、これを使わない理由はないと思います。

モダン・ポートフォリオ理論が広まっていない理由は、数学や統計の知識が必要になるため教えることが難しく、学びたい人があまりいない（なるべく難しいことは避けて簡単に資産を増やしたいという人のほうが多い）、そして、教えるよりも自分たちで運用をしていたほうが実入りが大きい、この3つが要因かと思います。

私は幸か不幸か、投資だけでなく、人生全般のマネジメントをしていくコーチになる道を選んだので、出し惜しみせず、この知識をお伝えしたいと考えました。

身につけたら一生助けてくれる本物の投資理論を、多くの個人投資家のみなさんに知っていただきたいと思っています。

なるべくわかりやすく説明しますが、それでもちょっとだけ、気合いを入れて読んでいただけたらと思います。

まずは用語の解説から入りましょう。すでに説明した用語もありますが、改めてまとめておきます。

運用（投資）ポートフォリオ

資産総額を100％としたときに、何と何に何％ずつ配分しているのか、持っているものの内訳と保有割合を「運用ポートフォリオ」と呼びます。

ポートフォリオ運用（ポートフォリオ・マネジメント）

買いたいものを一つずつバラバラに買っていくのではなく、資産総額全体をどの資産クラスに何％ずつ配分して投資をしていくのか、その「組み合わせ」と「配分」を決定し、それらをコントロールしていくことで資産の増加をねらう投資手法です。長期投資のカテゴリーに入ります。

ちなみに、チャートを見て、売り買いのタイミングを図って、売買のサヤを抜く手法は短期手法に入ります。

アセット・アロケーション

「投資先をどう選択したらいいのか？」について、この100年近くの間に、特に米国で活発に研究がなされてきました。

研究の結果、投資の成績を決めるのは「何をいつ買うか」の銘柄選択とタイミングではなく、「資産総額のうち何を何%買うか」の「組み合わせ」と、その「配分割合」であることがわかってきました。この理屈に従って、どの資産クラスにどれだけ配分するか決めることを「アセット・アロケーション」と呼びます。

ある研究によると、運用結果の93%は、どの株を買ったかではなく、アセット・アロケーションで決まるとされています。個別銘柄の選択による貢献度はわずか4・2%、売買タイミングの貢献度はさらに少なく、わずか1・7%であることが明らかになっています。(“Determinants of Portfolio Performance”Financial Analysts Journal, 1986)

今でも世界中のほとんどのファンドマネジャーは、これらの研究結果にのっとり、「どの資産クラスに何%配分するか」を決めることに心血を注いでいます。それが運用成績の明暗を分けることがわかっているからです。

昨今、これは間違いだと主張する人も出てきていますが、実際にポートフォリオを運用している現場では、毎週、先週は何に何%配分していて、何%超過リターンが出て、それをもたらしたのは銘柄選択なのか、セクター配分なのか、カントリーアロケーションなのか、資産クラスの配分なのか(アセット・アロケーションなのか)を示す「要因分析」という分析を行っています。その結果でも、先の研究結果と同じように、アセット・アロケーションが超過リターンの90％以上をもたらしていることが示されています。

そのため、どの運用会社もアセット・アロケーションを決定する専門職、ストラテジストというポジションを主要地域に配しています。3カ月に一度など定期的にストラテジスト、エコノミスト、ポートフォリオ・マネジャーが集まり、今後の世界経済や相場の見通しを見極め、次の3カ月のアセット・アロケーションを決定しているのです。

プロの投資家とまったく同じことはできませんが、個人投資家の私たちも、同じ理論にもとづいてポートフォリオ・マネジメントを実践することはできます。ここから学んでいきましょう。

「平均分散モデル」これだけ押さえればOK

モダン・ポートフォリオ理論の中核を成すモデルが「平均分散モデル」です。これはハリー・マーコウィッツによって1952年に提唱された、各資産クラスの期待リターンとリスクをベースに「最適なポートフォリオ」を決定する方法を提示するモデルです。

このような教科書的な説明は難しいので、これくらいにして、少し乱暴な言い方にはなりますが簡単な説明を試みたいと思います。

自分にとって「最適なポートフォリオ」とは?

最適なポートフォリオとは、簡単に言うと、効率的なポートフォリオのことです。効率的なポートフォリオとは、たくさんあるリスクとリターンの組み合わせの中で「**リスクが最も小さく、リターンが最も大きくなるポートフォリオ**」を指します。

リスクの最小化は、負の相関関係にある複数の銘柄を組み合わせることで可能になります。

それらをうまく組み合わせて、**ポートフォリオ全体のリスクが最小になるように、そして、その中でリターンが最大になるように、組み合わせと配分を決定したものが投資家にとって最適なポートフォリオ**というわけです。

実際には、最小のリスクになる組み合わせを選ぶのではなく、自分のリスク許容度の中で最大のリスクになるように決定します。

たとえばリスク許容度が10%なら、ポートフォリオ全体のリスクが10%になるように、その中でリターンが最大になるような組み合わせと配分を決定します。

それが、自分にとっての「最適なポートフォリオ」と言えます。

ポートフォリオ全体の期待リターンの計算法

平均分散モデルについて、もう少し詳しく解説していきましょう。計算が入るので数字嫌いな人は飛ばしたくなるかもしれませんが、これを理解したら個人投資家の中で一歩リードできます。効率的に資産を増やせる投資ができますので、少々頑張ってください。

実際のところ、小学校で学んだ四則計算しかしていないので、一つひとつ理解して進んでいけば見た目ほど難しくはないはずです。では、いきます。


たとえばファンドAとファンドBがあり、期待リターンがそれぞれ5%と10%だとします。リスクも、理解を簡単にするために5%と10%だとします。

今あなたは、Aを6割、Bを4割持っています。

このとき、ポートフォリオ全体の期待リターンとリスクは何%になるでしょうか。

ファンド	配分	期待リターン	リスク
A	60%	5％	5％
B	40%	10%	10%
ポートフォリオ	100%	7%	？

ポートフォリオ全体の期待リターンは、加重平均で算出できます。

配分が等分（5割ずつ）の場合は、足して2で割ったら同じ答えになりますが、等分ではなく6割と4割であるなら、加重平均の式を使うしかありません。加重平均とは、配分で傾斜がかかっている（加重している）場合の平均値です。

以下の式で算出できます。

期待リターン：5％×0.6＋10％×0.4＝7％

ポートフォリオ全体のリスクの計算法

では、リスクはどうでしょうか。二つの関係が正の相関関係にあって相関係数が1であれば、リスクも単純な加重平均になります。しかし、負の相関関係にある場合には、リスクは加重平均よりも小さくなります。これは第6章でもお伝えしましたが、ここでは数字を使って説明したいと思います。

ポートフォリオ全体のリスクは、ポートフォリオ全体の「分散」を計算して、そのルート〈√〉を計算することで求められます。このときの「分散」は、「リスク分散」の分散と意味がまったく異なり、統計学上の分散になります。ややこしいですね。

統計学上の分散とは、1標準偏差（〈σ〉、読み方は「シグマ」）の2乗のことで、〈σ^2〉と表されます。この分散を先に計算してから、最後に√をかけます。

なぜこのような面倒なことをするかというと、標準偏差にはマイナスとプラスがあるためです。リスクは平均からのブレ幅のことで、マイナスもプラスもありません。そのため、マイナス記号とプラス記号が邪魔になります。2乗すればマイナス×マイナスはプラスになり、プラス×プラスはプラスなので、計算上マイナス記号が取れたことになります。2乗することでマイナス記号を外して、最後に〈√〉をかけたら2乗した影響を除くことができます。

「数学なんて、忘れてしまった！」という方は、ここは理解できなくてもかまいません。ただ数式で説明したほうが理解しやすい方もいるので、式を書いておきます。

ポートフォリオの分散（〈σ^2〉、平均からのブレ幅の2乗）は、過去の実績数値（相関係数）を使って以下の式で計算できます。

5％×0・6をa、10％×0・4をbと表すと、

分散（σ^2）＝（a＋b）^{2}×相関係数

これを分解していくと、以下のようになります。

分散（σ^2）

＝（a＋b）^{2}×相関係数

＝（a＋b）×（a＋b）×相関係数

＝（a^2＋ab＋ab＋b^2）×相関係数

＝（a^2＋b^2＋2ab）×相関係数

aは5％×0・6、bは10％×0・4でしたから、

（a^2＋b^2＋2ab）×相関係数

＝｛（5％×0・6）^{2}＋（10％×0・4）^{2}＋2（5％×0・6）（10％×0・4）｝×相関係数

となります。

最後に相関係数をかけますが、1の場合は、1をかけても何も変わりません。加重平均と同じ答えになります。

一方、相関係数がマイナス1の場合は、最後の項がマイナスになって全体から引かれるので、その分、答えは小さくなります（この計算は、実は厳密には正確ではないのですが、相関係数が加重平均に影響を与えるイメージをつかんでいただくために考え方をお伝えしています）。

答えが出たら、最初に2乗しているので、答えに√をかけて戻します。

その答えがポートフォリオのリスク値（平均からの実績のブレ幅の平均）になります。

計算途中は省いて、結果だけお伝えすると、

正の相関関係（＋1）にある二つのファンドを6割と4割の割合で組み入れたポートフォリオ全体のリスクは、それぞれのリスクの単純な加重平均の7％になります。

一方、負の相関関係（－1）にある二つのファンドを6割と4割の割合で組み入れたポートフォリオ全体のリスクは、0・25％になります。

だいぶリスクが小さくなったことが、おわかりいただけると思います。

ファンド	配分	期待リターン	リスク
A	60%	5％	5％
B	40%	10%	10%
ポートフォリオ相関係数1	100%	7%	7%
ポートフォリオ相関係数－1	100%	7%	0.25%

リスク・リターン特性を必ずチェックすること

二つのファンドの単体のリスクは、それぞれ、5％、10％もありました。仮にリスク許容度が3％の投資家であれば、どちらもリスクが高すぎて買えません。

しかし、負の相関関係にある二つを組み合わせることで、全体のリスクは0・25％となったのです。これなら、リスク許容度が3％の投資家であっても買うことができます。

単体では大きいリスクも、負の相関関係にある二つ以上を組み合わせたら、ポートフォリオ全体のリスクを小さくできるのです。これが、「リスク分散」と呼ばれるものです。

ファンドにしろ個別銘柄にしろ、どの投資先でも3年の運用実績があれば、リターンとリスクの数値が計算されています。

リターンとリスクはセットで語られることが多く、前述したようにこれを、その投資先の「リスク・リターン特性」と呼びます。

投資をする際には、購入を検討しているファンドまたは銘柄のリスク・リターン特性を知り、「最適なポートフォリオ」（リスク最小、リターン最大）になるような、アセット・アロケーション（組み合わせと配分）を決めていきます。

これがモダン・ポートフォリオ理論を使った、ポートフォリオ構築です。

みなさんはこれで、モダン・ポートフォリオ理論と平均分散モデルを、理論的には理解したことになります。

次は、あなたにとって「最適なポートフォリオ」をどのように築いていけばいいのか見ていきましょう。

自分に「最適なポートフォリオ」の築き方

プロのファンドマネジャーは、何を買うかを決めるより先に、アセット・アロケーション（組み合わせと配分割合）を決定します。先に割合を決めてから、その中で何を買うか

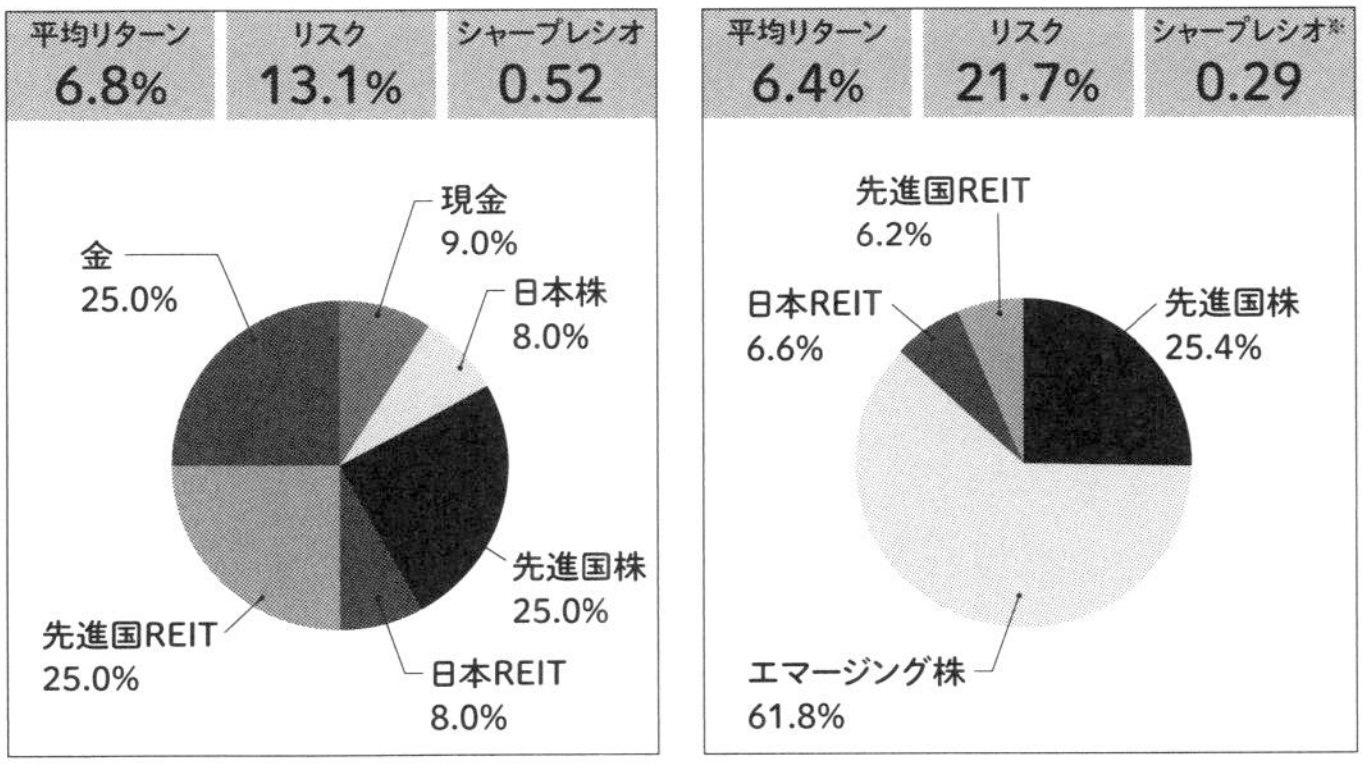

※シャープレシオとはリスクに対してどれだけリターンを得られたのかを示す指標。この数値が高いほど運用効率が良い

注：ある時点の例であり、この配分にしたら常にこのリスクとリターンになるわけではありません。

を決定するのです。その際、決定した割合より多すぎたり少なすぎたりしないように注意します。

上図に示した二つのポートフォリオを見てください。どちらもリターンは同程度ですが、リスクがかなり異なっています。右側のポートフォリオはリスクを意識せずに購入した結果で、仮にこの方のリスク許容度が15％なら、自分のリスク許容度を超えてしまっています。

自分に最適なポートフォリオ構築のステップは、以下の通りです。

①自分のリスク許容度（％）を知る

②投資先単体のリスクから、ポートフォリオ全体のリスクを求める

③それが自分のリスク許容度内に収まっているか確認する
④収まっていない場合は、収まるように組み合わせと配分を調整する
⑤その中で、最大のリターンになる組み合わせと配分を決定する

②に関して、ポートフォリオ全体のリスクを先ほど紹介した式に従って自分で計算することは、非常に煩雑なので現実的ではありません。計算機能をプログラミングして公開してくれているサイトがあるので、それを活用することをオススメします。パッシブファンドのみでポートフォリオを構築する場合は、これを使うととても便利です。

myINDEX　マイインデックス「資産配分ツール」
(https://myindex.jp/user/myaa.php)

先ほどの円グラフもこのサイトで作成したものです。
ここまでで、投資理論にもとづいた、自分に最適なポートフォリオができあがりました。あとは、これを運用していくのみ。次の【実践編】で、実際の運用の仕方と、リスク許容度別のモデルポートフォリオについて詳しくお伝えします。

第8章

成功する投資【ポートフォリオ・マネジメント実践編】

自分に合ったポートフォリオ構築を始めよう

これから人生初のポートフォリオを構築しようとする場合、あなたのリスク許容度はまだとても低いはずです。通常、5～10％程度になるでしょう。

各々《おのおの》の資産クラスのリスクを見てみると、米国株式（スタンダード＆プアーズ〈S＆P〉500の過去20年のリスク）で約20％、日本株式（TOPIX《トピックス》の過去20年のリスク）で約17％なので、リスク許容度10％を優に超えてしまいます（注：2023年10月時点）。

原理原則からしたら、これらの資産クラスに投資をするパッシブファンドは買えないということになります。しかし、ファンドの中でも一番リスクが小さいパッシブファンドですら買えないとなっては（アクティブファンドはパッシブファンドよりリスクが高い）、投資はできなくなってしまいます。

ところが、何度もお伝えしているように、それぞれのファンドのリスクは大きくても、複数組み合わせて買うことによって全体のリスクを小さくできます。

ポートフォリオ全体のリスクが10％以下に収まるような、資産クラスの「組み合わせと配分」を考えることから始めてみましょう。

初心者にオススメの資産

自分のリスク許容度以下に収まるように分散を効かせるためには、お互いが負の相関関係になっている組み合わせを見つける必要があります。プロなら自分で調べる必要がありますが、みなさんはプロではありませんから、過去の実績から最大の分散効果が得られることがわかっている組み合わせを選べば、まずは合格点を取れるでしょう。

それは以下の４つです。

・外国株式（日本を除く、先進国株式）
・日本株式
・外国債券（日本を除く、先進国債券）
・日本債券

日本株式と外国株式は負の相関関係が崩れていた時期もありますが、足元では復活しています。また、債券と株式は負の相関関係にあります。「両者は同時に下落することもあり、負の相関関係があるとは言えない」との意見もありますが、一時的に相関関係が正になったとしても、すぐに負の相関関係に戻るので心配は不要です。

まずはこの4つに、「金（ゴールド）」を加えた5資産でポートフォリオを構築するとよいでしょう。

また中・上級者も、まずはこの5資産で構成されるポートフォリオをつくり、それをコアとして持ちながら、リスクの高いものをサテライトとして組み入れる組み方（コア・サテライト戦略）を実践すると、リターンの安定化につながります。

中・上級者で、より高いリスクを取ることができる場合は、この5資産に、新興国株式と新興国債券をプラスした7資産を持ち、さらにこれに、国内ＲＥＩＴ《リート》（不動産投資信託）、外国ＲＥＩＴ、新興国ＲＥＩＴを加えた10資産を持ちます。加えるに従ってリスクが高くなるので、ポートフォリオ全体のリスクが自分のリスク許容度内に収まるかどうかを、そのつど確認してください。

リスク・コントロールをする

組み入れる銘柄同士が負の相関関係にあるかどうかに加えて、リスクの分散効果を決める要素がもう一つあります。それは、何%ずつ組み入れるかという「配分」です。Aを60%、Bを40%で組み入れたときと、Aを10%、Bを90%で組み入れたときとでは、ポートフォリオ全体のリスク値はかなり異なってきます。

ポートフォリオ全体で取るリスクが、自分のリスク許容度内に収まるように、組み合わせと配分を決定することを「リスク・コントロール」と呼びます。

リスク・コントロールは、ポートフォリオを構築して終わりではありません。構築したあとも同じようにコントロールすることが重要です。

なぜなら、最初に決めた配分になるように投資をしても、相場は毎日動いているので、翌日には決めた配分からずれてしまうからです。そのため、定期的に元の配分（基本配分）に戻すことが求められます。

この作業を「リバランス」と呼びます。リバランスがどれだけ緻密《ちみつ》に行われるかで、ポートフォリオ運用の成否が決まると言っても過言ではありません。

ポートフォリオ構築時のアセット・アロケーションと、構築後のリバランスは、投資成績を決定づける重要なファクターになることを覚えておきましょう。

まずはアセット・アロケーションの仕方を見ていきます。

アセット・アロケーションを決定する

100万円の投資資金があるとします。

5資産に20％ずつ投資を行ったときは、期待リターンが7・1％、リスクが9・1％になります。これを、30％、30％、10％、10％、10％と配分を変えてみると、期待リターンは8・3％、リスクは11・7％となります（2024年2月末日現在）。

100万円を同じ5資産に投資するとしても、アセット・アロケーションによって、こんなにリターン・リスク特性が変わるのです。

こうして、自分のリスク許容度に収まるような配分を選んでいきます。

すなわち、配分も期待リターンも自分で勝手に選べるものではないのです。全体のリスクが自分のリスク許容度に収まるような配分と期待リターンに自動的に決まります。

実際に、前章でご紹介した「myINDEX マイインデックス」というサイトに%を入れてみると、想定リスクと期待リターンを一瞬で計算してくれます。投資先と数が同じでも、配分割合が変われば、期待リターンもリスクも大きく変わることがわかるでしょう。

「myINDEX マイインデックス」で出した配分割合の例

まずは基本5資産に均等に20%ずつ投資したケースから始め、さまざまな割合を入力してみて、リスクとリターンがどのように変化するかを確認してみましょう。

その中から自分のリスク許容度内に入る「配分割合」を決定します。その配分割合で算出された期待リターンが、あなたがねらえる期待リターンです。

仮に7%と出ていたら、7%です。そんなに低いリターンはイヤだと思ったとしても、期待リターンが20%になるような組み合わせを選んではいけません。そんなことをしたら、自分のリスク許容度を逸脱して投資に失敗します。

ただしこれは、過去の実績をもとに行った「定量分析」のみから算出した配分です。これに加えて、アセット・アロケーションでは「定性分析」が求められます。

定性分析とは、世界経済の見通し、各国・地域経済の見通し、企業業績の見通しに加えて、地政学的リスクや政治的リスクなど、今後株価に影響を与える可能性のある変数を考慮することです。

たとえば、定量分析では株式の割合が外国株式7:国内株式3がベストとの結果になったとしましょう。ここで定性分析も考慮すると、景気のサイクル的に国内株式のほうが外国株式より投資妙味《みょうみ》があるということであれば、定性的に定量分析の結果をオーバーライド（上書き）して、外国株式6:国内株式4にする、などの調整を行うのです。

このようにして、アセット・アロケーションを決定します。

リスク許容度が高まってきたら……

投資経験を積むにつれて、リスク許容度は高まっていきます。最初は10%しかなかった人も、12%、15%、17%、20%と増えていきます。増えるに従って、リスクの高い（すなわち高いリターンの獲得が見込める）資産クラスを追加していくことができます。

ここではリスク許容度の高まりに応じて、どんな銘柄を選ぶとよいのかを見ていきます。

まずはパッシブファンドからスタート

一般的に資産運用に適しているとされる商品の中で、一番リスクが低いのは、市場全体を買うことになる「パッシブファンド」です。パッシブファンドは別名インデックスファンドとも呼ばれ、特定のインデックス（指数）の動きにピッタリ連動するように組成《そせい》されている投資信託です。

TOPIX連動型なら、TOPIXが3%上がったらTOPIX連動型ファンドも3%

上がり、ＴＯＰＩＸが２％下がったらＴＯＰＩＸ連動型ファンドも２％下がるわけです。これは、自分でＴＯＰＩＸの組み入れ銘柄全部を買っていることと同じになります。

ＴＯＰＩＸには約２５００社が組み込まれているので、ＴＯＰＩＸ連動型ファンドのリターンは２５００社の平均と同じになります。リスクの値も同様です。

パッシブファンドの中でも、大型、中型、小型という順番でリスクが高くなっていきます。最初は、ＴＯＰＩＸ連動型のファンドを組み入れ、リスク許容度が高まってきたら、「日本株式」の中でも中型や中小型、小型株のインデックスに連動するパッシブファンドを組み入れていくことで、期待リターンを上げていくことが可能です。

アクティブファンドの検討を始める

パッシブファンドで小型まで組み入れたら、アクティブファンドを組み入れる資格が手に入ります。アクティブファンドとは、特定のインデックス（指数）を上回るリターンをねらうファンド（投資信託）です。指数より高いリターンをねらうために、ポートフォリオ・マネジャーは指数に組み込まれている銘柄群の中から、平均リターンより高いリターンが期待できる銘柄だけをピックアップし、ファンドに組み入れていきます。

何社くらい組み入れるかは、そのファンドがどのくらいリスクを取れるかによって変わってきます。高いリスクを取れるファンドなら30～40社の集中投資になり、さほど高いリスクを取れない場合は組み入れ数が多くなります。ときには、120社もの企業を組み入れているアクティブファンドもあります。

組み入れ銘柄数が少ないほど、分散効果が低減するため、ポートフォリオ全体のリスクが高くなります。逆に組み入れ銘柄数が多いほど分散効果が高くなるため、リスクを小さくしたい場合には数が多くなる傾向にあります。

ただし、70～80社以上の数を組み入れてもそれ以上は分散効果が増えていかないという論文があり、100銘柄以上組み入れているアクティブファンドは、「これじゃあ（分散の観点からは）パッシブファンドと変わらない」と揶揄《やゆ》されることもあります。

こうした事情から、アクティブファンドの銘柄組み入れ数は70～80社が一般的です。

アクティブファンドはパッシブファンドに勝てない問題について

選択した70～80社は、TOPIXの2500社の平均よりも成績がよくなる。ポートフォリオ・マネジャーはそう信じて、銘柄を組み入れます。そんな銘柄を選択するため、事業の成長性や企業の安全性を分析したり、企業の経営陣と面談をしたりといったリサーチ活動を行っています。ポートフォリオ・マネジャーは、株式アナリストの力も借りて、銘柄選択に膨大《ぼうだい》な時間と労力をかけます。

その分、ポートフォリオ・マネジャーに支払う「信託報酬」は、銘柄選択をする必要がないパッシブファンドより高くなります。0・2％近傍のパッシブファンドに比べて、アクティブファンドの信託報酬は1～2％台と1ケタ大きくなるのが一般的です。

ここで注意が必要なのは、アクティブファンドのほうがパッシブファンドよりリターンが高くなることを期待して買ったのに（高い信託報酬を払うことにしたのに）、時にパッシブファンドのほうがリターンが高くなるケースがあることです。

そんなときには、ちまたでは「アクティブファンドはパッシブファンドに勝てなくなった」と主張する本や記事が出てきます。

とはいえこの議論は、そもそもアクティブファンドのリスクはパッシブファンドのリスクより高いことを忘れています。リスクが高いということは、実際のリターンが期待リターンからブレる幅が大きいということです。時にパッシブのリターンを大きく下回る時期があることは、最初からわかっていることなのです。アクティブファンドは、1景気サイクルを超えた10年超の長いスパンで評価する必要があります。

アクティブファンドを買うとしたら

ただし、個人投資家の私たちにとっては、**アクティブファンドの高いリスクを取りにいかなくても、パッシブファンドの（低いリスクから得られる）低いリターンだけで、十分投資の目的（たとえば、老後の資金づくりなど）を果たすことが可能**です。

高い信託報酬を払って、高いリスクのアクティブファンドを買いに行く必要はありません。1％の信託報酬の差は、思っているより大きいです。

たとえば毎月5万円ずつ25年間の積み立て投資を行い、年平均6％のリターンを上げたとしたら、その差は約500万円近くにもなります。一方で、アクティブファンド、特に独立系の運用会社が運用するファンドの中には、ファンドマネジャーが確固たる投資哲学に基づいて、独自の調査分析によって運用をしているものもあります。

良さそうなファンドだなと思ったら、まずはよく知ることから始めましょう。その運用会社が主催するセミナーや勉強会などに参加をして、ファンドマネジャーの考えや投資哲学、今後の見通しなどを聞くのです。そのうえで資金を託してもいいなと思ったら、自分のポートフォリオに加えていきます。

アクティブファンドを買うにしても、最初はパッシブファンドオンリーでの投資を少なくとも3年は経験してからにしてください。そうすれば知識が付いているので、アクティブファンドの選別に失敗する可能性が減らせます。

そして、アクティブファンドを購入しても、パッシブファンドは売らないようにします。あくまでも既存のポートフォリオに足していくイメージで、パッシブファンドだけのポートフォリオにアクティブファンドを追加していきます。そのたびにポートフォリオ全体のリスク・リターン特性が変わるので、自分のリスク許容度を超えない割合にすることに目を光らせましょう。

個別銘柄はどうする？

パッシブファンド、アクティブファンドと進んだら、初めて個別銘柄をポートフォリオに組み入れる（それだけのリスクを取れる）資格を得たことになります。

「投資初心者だけど、株をとりあえず1社買ってみました」という人が時折いますが、それは、スキーのボーゲンもできない人が、いきなり上級者コースに行くようなものです。非常に危険と言っても言いすぎではなく、最初から個別銘柄投資で資産形成ができるとは思わないほうがいい、というのが私の意見です。

また昨今、投資初心者でバイナリー手法を使った投資を行っている人をよく見かけます。バイナリーとは、オプションを駆使した投資手法で、非常にリスクが高く、実際にその手法で損をして駆け込んでこられる方が多いです。

仮にそのような誘いを受けても、自分のリスク許容度に照らし合わせて、本当に買えるものかどうかを吟味できるだけの金融リテラシーを身につける必要があるでしょう。

株式以外の資産クラスのリスクも頭に入れる

ここまで、株式という資産クラスにおけるリスクを、低い順番に見てきましたが、資産クラス別では、債券、株式、ＲＥＩＴ、ＦＸという順番でリスクが大きくなります。みんな大好きなＦＸは、リスクが株よりずっと高いので注意が必要です。

国内株式、外国株式、国内債券、外国債券の4つは、ＧＰＩＦ（すなわち私たちの年金を運用している最も公的なファンド）の基本ポートフォリオでもあり、それぞれが負の相関関係にあることがわかっています（一時的に正の相関関係になることもありますが）。

そのため、まずはこの4つの資産クラス（＋金［ゴールド］）全体の中での配分を決定し、それぞれの内部でパッシブファンドを購入して、ポートフォリオを組成するところから始めると安心です。

経験を積んで知識を蓄《たくわ》え、リスク許容度が高まってきたら、それぞれのアクティブファンドを追加して買う。こうすれば、安心して資産運用を継続していけるはずです。

実際、私のクライアントさんの中にはこの方法で8年運用し、ねらっているのは6％にもかかわらず、資産が30％を超えて増えている方もいます（毎月資金投入している分も含む）。この5年ほどは異常な上げ相場だったので、その分を割り引く必要がありますが、**しっかりポートフォリオ・マネジメントしていれば（次項でお伝えするリバランスも含め）、目標のリターンを達成していくこと、あるいはそれ以上のリターンを年平均で確保することは十分可能**です。

ポートフォリオ・マネジメントを継続しよう

自分にとって最適なポートフォリオを「基本ポートフォリオ」と呼ぶことにしましょう。

基本ポートフォリオは、一度決めたら、金融市場の動向に応じて頻繁に変えることはしません。変えるのは市場のパラダイムが変わったとき、または自分のリスク許容度が高まったときのみで、数年は同じものを使い続けます。

基本ポートフォリオの運用を始めると、一つ問題が出てきます。せっかく自分に最適なリスク・リターン特性を持つ「組み合わせ」と「割合」でポートフォリオを組んだにもかかわらず、翌日にはその割合が変わってしまうことです。市場は常に動いていて、組み入れた資産クラスすべてが、同時に同じ方向に動くわけではないからです。

そのため、**定期的に基本配分に戻すことが必要です**。前述したように、これをリバランスと呼びます。リバランスをしっかり行うか行わないかで、投資の成績が分かれます。買ったあとも「ほったらかし」にはできませんが、本当の経済的自立を達成するには、これは避けられない作業です。

リバランスの仕方

リバランスの基本は、基本配分より多くなった資産クラスを売り、基本配分より少なくなった資産クラスを新たに買い増すことです。前もって決めたルールにのっとって行うことがとても重要です。

【リバランスルール】

①頻度

一定期間（3カ月～1年）ごとに1回、リバランスする

②基本配分からずれた幅

基本配分からずれた幅が3％になったらリバランスする

ずれた幅でリバランスする場合、毎日、3％を超えていないかチェックする必要があります。

一方で、何カ月かに1回と決めておけば、その間は決めた額を毎月、積立投資していればよいだけです。手間を考えると、頻度を軸にしたルールにすることをオススメします。

オススメの頻度は、まずは半年。それ以上できると思えば、3カ月。難しいと思えば、1年に1回でも結構です。

投資大国と言われる米国でも、1年に1回以上リバランスをしている個人投資家は全体の7％に過ぎないそうです。これをしっかり行うだけで、成績はだいぶ高まるはずです。

市場の動向を予測して配分を調整する

リバランスは、毎回基本配分に戻すことが基本ルールですが、今後3カ月あるいは6カ月などの中短期的な見通しによっては、一時的にわざとリバランスせずに、ある資産クラスに多く配分したり、少なく配分したりすることがあります。

基本配分より多めに配分することをオーバーウェイト、少なめに配分することをアンダーウェイトと呼びます。

たとえば、日本株への基本配分が25%だとして、以後の半年は日本株式のほうが高いリターンが見込めそうだという場合、これを27%に一時的に多く配分したとします。この状態を「日本株式を2%オーバーウェイトにした」と表現します。このとき、一方で外国株式を2%少なく配分したら「外国株式を2%アンダーウェイトにした」と表現します。

ポートフォリオが5資産で組まれているなら、日本株式と外国株式のどちらをオーバーウェイト、どちらをアンダーウェイトにするのかによって、ポートフォリオのリターンが大きく異なる結果になります。

外国株式のほぼ半分は米国株式なので、日本株式と米国株式が今後3～6カ月のスパンで、どちらがより高いリターンを上げる可能性が高いかを見極め、どちらをオーバーウェイトにし、どちらをアンダーウェイトにするかを決めていくわけです。

戦略的にオーバーウェイトとアンダーウェイトを実行する

配分を決める際にも順番があります。まず、債券の配分と株式、そして実物資産（金）の配分を決定してから、株式の中で国内株式と外国株式の配分割合、債券の中で国内債券と外国債券の割合を決定します。

ちなみに資産運用会社では、よりこまかく運用をコントロールするため、国内株式と外国株式という分け方ではなく、国別に配分割合を決めているところがほとんどです。

これをカントリーアロケーションと言います。世界のすべての国への配分を小数点第1位まで、時には第2位まで決めてコントロールしていくので、かなり緻密な作業になります。0・01％をどこに配分するかが明暗を分けることもあるので、各資産運用会社は、非常に多くのリソースをアロケーションの戦略決定に費やしています。

個人投資家のみなさんは、カントリーアロケーションまでする必要はありません。ポートフォリオを構築する際には、国ごとに配分を決めたほうがよさそうだと思うかもしれませんが、つくるときにはそう思っても、みなさんには本業があって投資だけを24時間しているわけではないので、国ごとの経済や政治の状況、今後の見通しなどをウォッチし続けるのは現実的ではないと思います。

そのため、**基本の5資産の中で、まずは決められたルールに従ってリバランスを行うだけで十分です。リバランスをするだけで、パッシブファンドを買って放置しているときと比べてもリターンはかなりよくなるはずです。**

上級者になって慣れてきたら、5資産のオーバーウェイト、アンダーウェイトにも挑戦してみたら良いと思います。その頃には、世界情勢に関する情報の頭への入り方も違ってくると思います。次の四半期にはどこをどれだけオーバーウェイトにするか、それによってリターンが大きく変わってくるので、情報収集する際におのずと真剣になります。金融リテラシーが上がることは間違いないでしょう。

パッシブファンドを複数買ったら、あとはほったらかしでいいという論調をよく耳にします。しかし、ほったらかしのままでは、長きにわたって安定した運用成果を出し続けることは、ほとんど不可能です。

構築後もリバランスをして、経済の見通しを見極めながら、時には戦略的にオーバーウェイト、アンダーウェイトすることで、能動的に関与して資産を育てていきましょう。

最後に、積み立て投資の裏ワザをお伝えします。第3章で経済的自立をするために必要な金額を計算しましたが、その金額を達成するための実践ステップをご紹介します。

ステップ1：クッション預金をつくる

クッション預金とは、投資をするにあたって、心理的余裕を保つために持っておくと良いもので、3カ月分の月収または生活費に相当する額を、投資をせずに現金で保有する預金のことを指します。リスク許容度内のポートフォリオを作成しても、大きく下落した際などには、やはり動揺するかもしれない、という方も、3カ月分の現金があれば心の支えになってくれます。

お給料が手取り30万円だとしたら、90万円をクッション預金としてキープしましょう。ゼロから資産形成を始める方は、毎月決めた額を90万円になるまで積み立てます。毎月3万円だとしたら、2年半ですね。

90万円に到達したら、いよいよ積み立て投資の開始です。

ステップ2：投資を開始する

90万円に到達したら、次の月の3万円は投資します。先にお伝えした方法で、ポートフォリオの組み合わせと配分を決めていただいたかと思いますが、3万円をその配分に振り分けて、各資産クラスに投資をします。これを毎年繰り返します。

この方法を取るメリットは、**脳が「投資を始めた」と認識しないこと**です。毎月貯金していた3万円の送金先が変わっただけなので、**脳は恐怖を感じません**。投資は怖いと二の足を踏んでいる方も、スムーズに投資を開始することができます。

ここで、積立投資をさらに加速させるための裏ワザをお伝えします。

月々の投資額の3万円は、「今」捻出できる金額ですね。あなたが30歳だとして、5年後、10年後、50歳になる20年後も、毎月捻出できる金額の最大値は3万円でしょうか？年齢とともに収入は上がっていくはずです。収入の増加ペースに応じて、「毎月3万円」から増やすことができるはずです。

ちなみに、毎月の投資額をいくらにしたら良いかとよく聞かれますが、「可能な限り多く」が基本です。目安として、手取り月収の10％をオススメしています。

毎月の投資額を増やして資産形成を加速すれば、経済的自立の達成を前倒しすることが可能です。お給料が上がったら、その分毎月の投資額を増やす、という形で実行してもいいですが、さらに加速する方法をお伝えします。

それは、何カ月かに1回、「毎月の投資額を何％増やす」と決めて、それを実行することです。たとえば、3カ月に1回、2％でもいいですし、6カ月に1回、3％でもかまいません。最終的に、毎月の投資額が手取り月収の50％になるまで続けます。50％というと、大変なように感じるかもしれませんが、たとえば手取り30万円のときには3万円が限界だったとしても、手取り100万円なら、50％に当たる50万円を投資に回すことは余裕でできると思います。もちろん、可能であれば60％、70％と増やしていってもかまいません。

この方法は、「来月は投資額を増やす月だ、でも、もうこれ以上増やすことは無理だ」となったときに威力を発揮します。**私たちの脳は空白を嫌います**。「来月、お給料は上がらないが、投資額を3％増やすにはどうする？」と問いを投げておくと、必ず、脳は何らかの方法をひらめくのです。あるいは、臨時収入が入った、貸していたお金が返ってきたなど、想定していなかったことが起こって、計画の達成をサポートしてくれたりします。忘れていたタンス預金が出てきた、なんていう人も、少なくありません。

この手法を、「ブレイン・アクティベイティング・システム（ＢＡＳ）」と名付けました。あなたもぜひ、ＢＡＳを始めると決意してみてください。脳がアクティベート（活性化）されて、来月どうしたら投資額を増やすことができるか、アイデアを出してくれます。

第9章

経済・金融市場の見通しを立てる

知っているようで知らない「金利」の基本知識

ポートフォリオ・マネジメントによって資産をより増やしていくには、過去の実績にもとづく「定量分析」に加えて、「定性分析」も求められます。

前述したように、定性分析とは世界経済や金融市場の見通し、企業の動向など、今後、株価に影響を与える可能性のある変数を考慮することです。

この章では、経済や金融市場の見通しを立てるにあたり、「これだけは知っておいてほしい」というポイントをお伝えします。投資初心者の方が、これから金融リテラシーを上げていくための足がかりにしてください。

投資の世界で金利とは？

ニュースを見聞きしていて、「金利」という言葉を聞かない日はないでしょう。

一般的には、金利というと「お金を借りたときに払う利息」あるいは「お金を預けてお

く と受け取れる利子」が思い浮かぶと思います。
それは、言い換えると「資金を貸し借りする際の賃貸料《ちんたい》（レンタル料）」ということです。投資の世界では、一口に金利といっても「政策金利」「短期金利」「長期金利」などさまざまな種類があります。

それでも、投資の世界で金利といったら、通常は「国債の利回り」のことを指します。国債には償還《しょうかん》（預かったお金を投資家に返却すること）までの期間がさまざまありますが、通常何も断りがなければ、長期金利のことを指します。

長期金利とは、10年物の国債の利回りのことです。ニュースなどで「金利が上がった、下がった」とよく耳にしますが、それは「10年物の国債の利回りが上がった、下がった」という意味です。そして利回りの上下は、国債価格の上下を意味しています。株式の価格は株価で表されますが、債券の価格は債券価格ではなく、金利で表されるからです。

ここで、債券価格と金利の関係を理解しておきましょう。

債券価格と金利の関係

債券は、償還金額（満期になったら戻ってくる金額）が決まっています。そこが株式と

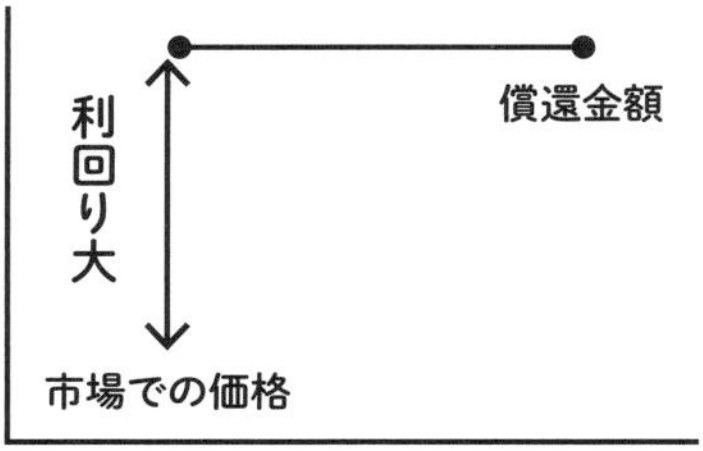

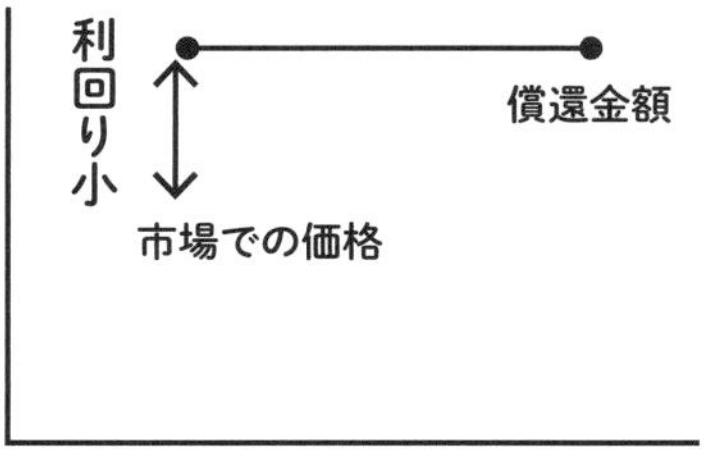

違うところです。満期まで保有していたら、情勢がどんな形になっていても、約束された償還金額は必ず受け取ることができます。

そのため、債券（国債）のことを「安全資産」、または「リスクフリー資産」と呼びます。

償還金額が決まっているので、流通市場で安く買えたら、償還までのリターン（利回り）が高く（大きく）なります。

逆に流通市場で高く買ったら、償還までの利回りが低く（小さく）なります。

償還までの利回りが金利なので、債券市場では「金利が上がった→債券価格が下がった」「金利が下がった→債券価格が上がった」ことを意味するのです。

長期金利・短期金利・政策金期

金利には、「長期金利」と「短期金利」があります。通常、短期金利と言ったら、償還期間が3年以下の国債利回りのことを指します。ちなみに5年、7年は中期債と呼びます。

短期金利の中には、政策金利と呼ばれるものがあります。政策金利とは、中央銀行が設定し、管理する基準金利のことです。具体的には、「オーバーナイト無担保コールレート翌日物」の金利の誘導目標のことです。

この金利は、中央銀行である日本銀行が市中銀行（民間銀行）に貸付を行うときや、金融機関同士で1日だけの（オーバーナイト）資金の貸し借りを行う際に適用されます。

中央銀行は物価と雇用の安定のために存在する機関で、日本では日本銀行がこれを担っています。日本銀行は、政策金利を上げたり下げたりして、市場に出回るお金の量をコントロールしています。これを金融政策と呼びます。

一般に、経済が停滞気味のときには、金利を下げて経済を刺激し、加熱気味のときには、金利を上げて経済の過熱を抑えます（本書を執筆している2023年秋の時点では、お金の量を直接コントロールする量的緩和政策で市中に出回るお金の量をコントロールしており、政策金利の操作は行っていません）。

政策金利が変更されると、民間銀行の預金金利、貸出金利、債券市場で決まる短期、中期、長期金利など、さまざまな金利に影響を及ぼします。

金利の意味するところ

また金利は、より専門的には以下のように表すこともできます。

10年物国債利回り≒今後10年で予想される名目GDP成長率

名目GDP成長率には、その期間に期待されるインフレ率が内包されています。名目成長率から期待インフレ率を引いたものを「実質GDP成長率」と呼びます。

10年物国債利回り≒今後10年の名目GDP成長率＝期待インフレ率＋実質GDP成長率

つまり、債券の流通市場で決まる国債の利回りは、将来のその期間の実質GDP成長率予測と期待インフレ率を反映していることになります。

金利はその国の信用力をも示していると言えます。国としての信用力がなければ、投資家は安心してお金を投資することができません。

しかし、デフォルト（倒産）リスクに見合ったリターンがあれば、投資をしてもいいと考えます。そのため、信用力が高い国の国債利回りは高くなり、信用力の低い国の国債利回りは低くなるのです。

なお、国債は、〝基本的に〟デフォルトがないので、安全資産と呼ばれていますが、現実的には、国も企業と同じように倒産することがあります。国債の償還ができなくなった状態のことを指し、国のデフォルトとみなされます。

名目金利と実質金利

10年物国債利回りを「名目金利」、そこから期待インフレ率を引いたものを「実質金利」と呼びます。名目GDP成長率から期待インフレ率を引いたものが実質GDP成長率になるのと同じです。

たとえば、100万円の定期預金の名目金利が10％で、インフレ率が10％という場合、銀行に預けた100万円の価値は、翌年には110万円になりますが、インフレによってこれまで100万円で購入できたものは110万円に値上がりしているので、実質上の金利（実質金利）はゼロになります。

インフレとは、お金の価値が下がることです。これまで100万円で買えたものが110万円出せないと買えないということは、1円というお金の価値が下がっているということ。利息をもらっても、それと同じ割合でお金の価値が下がれば、利息がゼロと同じことなのです。そのため、名目金利だけでなく実質金利にも目を光らせる必要があります。

インフレ率が決まるメカニズムを知ろう

私が本書を執筆している2024年2月の段階では、世界でインフレ率が高まっている局面にあります。インフレ率がここまで上昇するのは、1970年代以来、50年ぶりです。インフレ率が上昇する背景にはどのような要因があるのかざっくり知っておくと、今後の世界経済の見通しを立てやすくなります。

インフレ率が上昇する要因

●利下げが経済活動とインフレ率に与える影響
※金利低下=利下げ

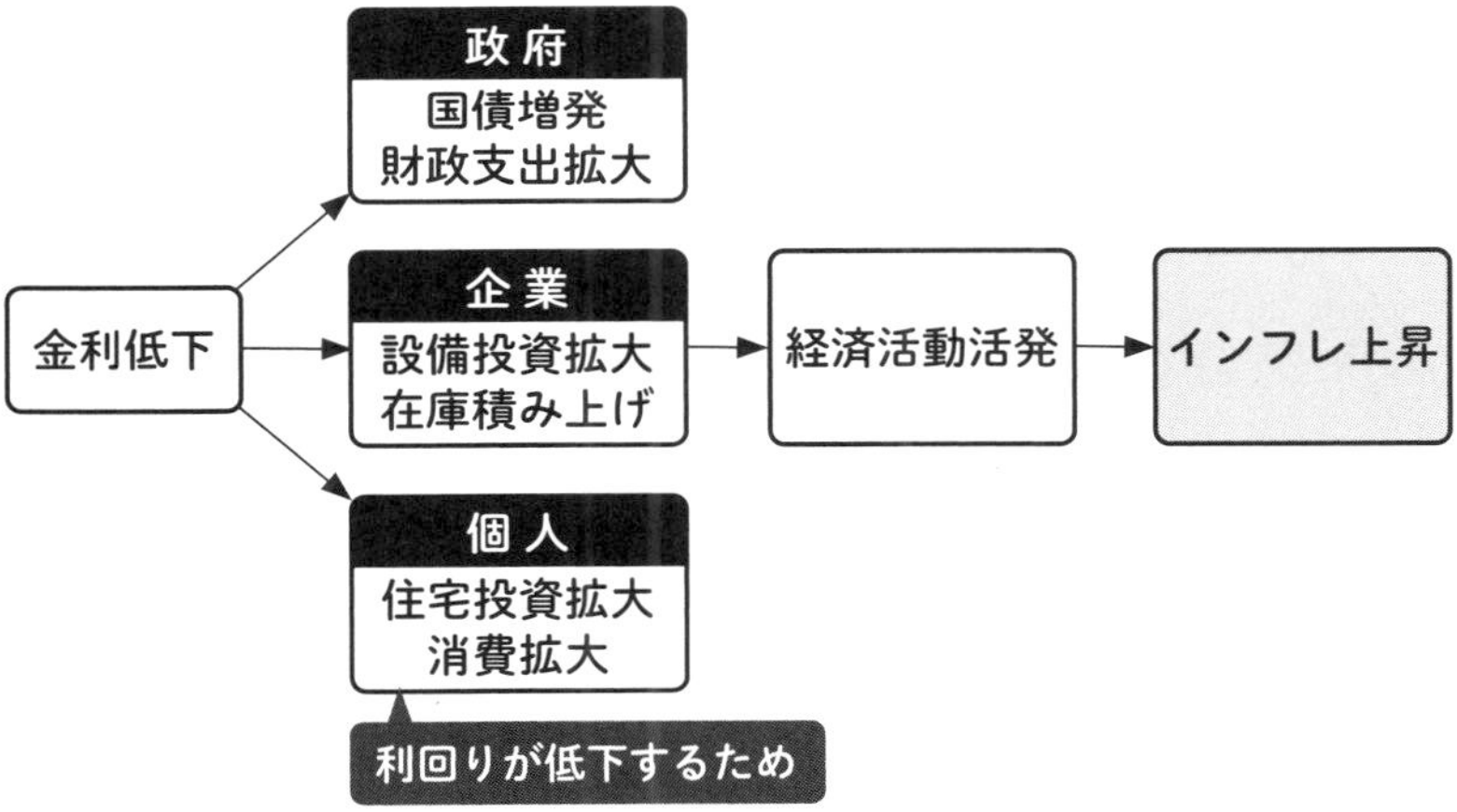

1、通貨供給量の増大

当局が金融緩和政策を取り、市場に出回る通貨の量が増えると、インフレ率は上昇します。なぜなら、通貨の量が増えるということは、つくられるモノの数（供給量）が同じであるならば、それらのモノに割り振られる金額が多くなるので、単純に増えた通貨の量だけモノの値段は上がるからです。

通貨供給量を増やすのは中央銀行の仕事です。金融政策と称して、金利を上げたり下げたりして通貨供給量を調節します。

2008年のリーマン・ショック以来、多くの国が長らく量的緩和政策を取ってきたので、世界中で通貨供給量が非常に多い状態になっていました。

その基盤があったところに、ウクライナに

おける戦争により原油価格が上昇したこと、そしてコロナによって世界の工場と言われている中国経済が一時的にストップしてモノの供給が減ったこと。主にこの二つの要因によって、モノの値段が上がり始めました。

もともとお金の量がかなり多い状態だったところへ、原材料価格の上昇と、モノの供給が減ったことが原因で、インフレ率が高まったのです。

2、強い需要

通貨供給量とは別に、単純にモノを買う人が増えることでも価格が上がります。経済が成長しているときに起こるので「良いインフレ」と言われます。

実際はインフレに良いも悪いもないのですが、需要が強く経済が堅調な証拠なので、経済にとって良いという意味で用いられています。

3、供給減退(オイルショックなど)

モノが少なくなることで価格が上がり、インフレ率が上がることもあります。こちらは、どちらかと言えば「悪いインフレ」です。

インフレ率が低下する要因

●利上げが経済活動とインフレ率に与える影響

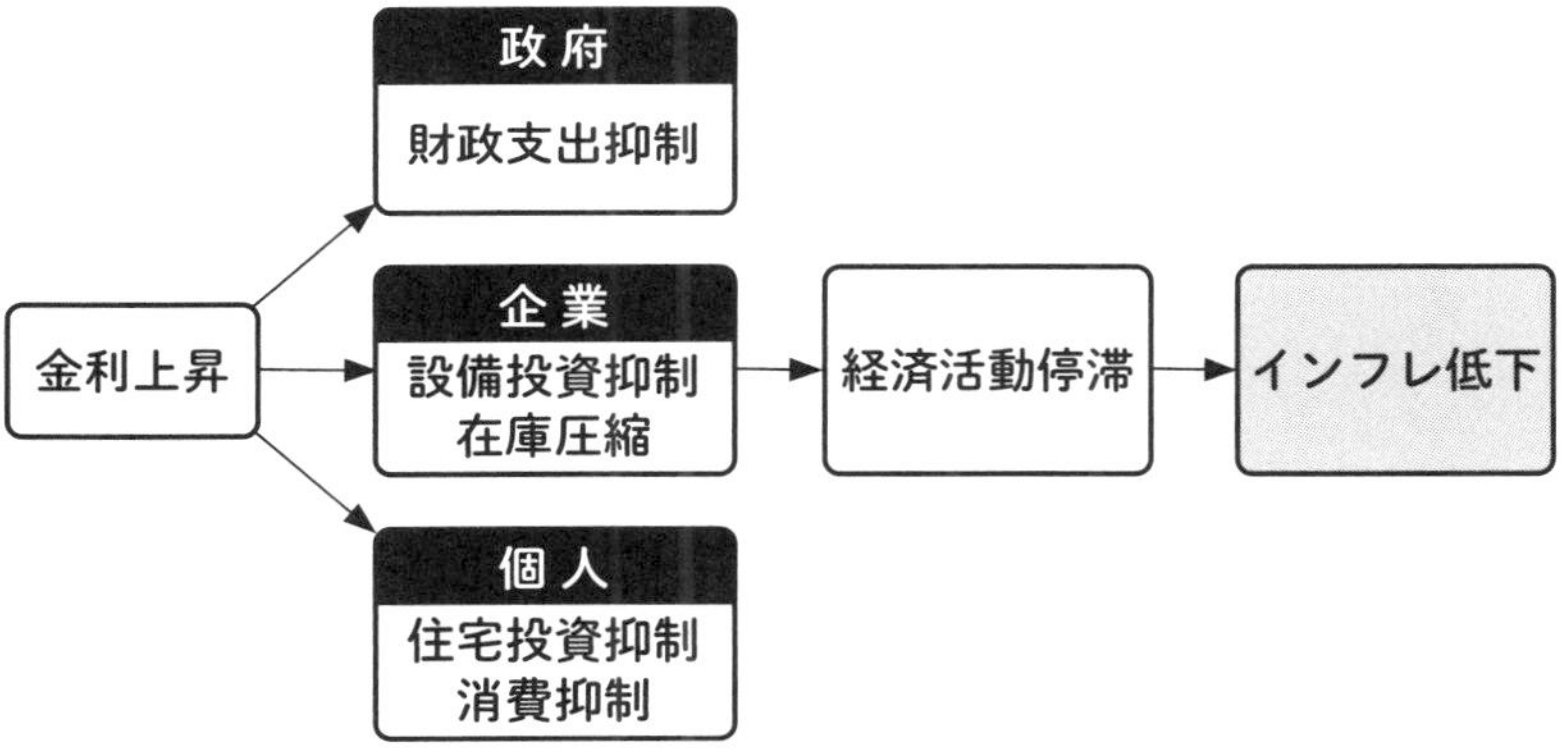

1、通貨供給量の低下

上昇要因の逆で、通貨供給量を減らすとインフレ率は低下します。同じ数のモノに対してお金の量が少なくなれば、必然的にモノ一つにあてがわれるお金の量は減ることになります。すなわち、価格が下がっていきます。

2、弱い需要

インフレ率が上がる場合とは逆に、経済が不調なときにはモノの価格は下がります。

3、原油価格などの下落

化学製品の仕入れ値が下がると、モノの価格は比例して下がります。

4、供給量の拡大（中国、新興国）

売られているものが増えると、価格は下がり、インフレ率が低下します。

5、金融危機など

経済的なショックが発生しているときなどには、一時的にモノの価格が下がることがあります。

経済・金融市場の見通しを立てよう

今、もっとも押さえるべきは金融政策

2008年のリーマン・ショック以降、金融政策が経済に与える影響がとても大きくなっています。中央銀行による「金利をどうするか」「量的緩和をどうするか」などの動向が、株式市場に大きな影響を与えているためです。

金融政策とは中央銀行が行う「お金の量」をコントロールする政策のことです。大きく分けて、「金融緩和政策」と「金融引き締め政策」の2種類があります。

【金融緩和政策】

経済活動を活発にするために、市場に出回る「お金の量」を増やすための政策です。

・金利政策（利下げ）

政策金利を下げて（利下げ）、市場に出回るお金の量を増やします。

・量的緩和政策

政策金利がすでにゼロの場合、中央銀行が国債を購入します。購入代金が銀行を通じて市場に流れることで、市場に出回るお金の量を直接増やす効果があります。

【金融引き締め政策】

経済活動にあえて水をさし、市場に出回る「お金の量」を減らすための政策です。

・金利政策（利上げ）

政策金利を上げて（利上げ）、市場に出回るお金の量を減らします。

・量的緩和政策の縮小

中央銀行が国債の購入量を減らすと、銀行を通じ市場に流れる購入代金が減ることで、市場に出回るお金の量を直接減らす効果があります。

これらの基本を押さえたうえで、経済や金融市場の見通しをどのようにして立てるかを見ていきましょう。

金融市場と経済のつながりを把握する

本来、企業業績が向上して経済が成長しているときに株価が上がります。しかし現在は、株式市場で株価が上がると、その株高に反応して実体経済も伸びるという逆の現象が起きています。

そのため、経済状況の見通しをつけるには、金融市場（株式）が今後どうなるかを見極める必要があります。逆もまたしかりで、金融市場が今後どうなるかを見極めるためには、経済状況の見通しを立てる必要があります。

株式の今後の動きを見極めるために使える指標の一つに、足元の（現在の）株価の妥当性（割安か割高か）があります。企業の本源的（本質的）価値に対する株価の妥当性を「バリュエーション」と呼びます。以下は、バリュエーションを示す指標の代表的なものです。

・ＰＥＲ（株価／１株あたりの純利益）：会社の利益に対する株価の割合

・PBR（株価／1株あたりの純資産）：会社の資産に対する株価の割合
・配当利回り（1株あたりの年間配当金額／1株購入価額）

【株価の見通しを立てる3つのステップ】

①足元の一時点の状況を把握する

株価は日に日に変動します。今後の見通しを立てるには、まず「現在の状況はどんな要因から来ているのか？」を把握する必要があります。

②潮流（トレンド）をとらえる

トレンド要因で上がってきているのか、あるいは下がってきているのかをとらえることが重要です。

③そのトレンドが続くかどうか見極める

前提として、現在のトレンドが続くための条件は何か、またどんなトリガー（きっかけ）があったらトレンドが変化するのか、そのトリガーがいつどんな条件のもとでなら発動するのかを知っておく必要があります。

世界経済の見通しを立てる

【世界経済の見通しを立てる3つのステップ】

①世界を米国、欧州、日本、新興国の4つの国・地域に分ける
②それぞれの国・地域の経済を分析し、成長見通しを立てる
③つながりから全体のトレンドをとらえる（各地域の見通しを立て、各地域のつながりを考慮して、世界全体の構造はどうなるかを考える）

②と③を行うには、フレームワークを使うと構造がわかりやすくなります。

【国・地域の経済分析と3つのフレームワーク】

・マクロ経済の成長見通しを立てる
・ミクロ経済（企業）の成長見通しを立てる
・個人の動向の見通しを立てる

経済分析全般に関しては、それだけで1冊の本が書けるくらい情報量が膨大になるので、ここでは割愛します。本章ではマクロ経済の見通しを立てる際に見極めるべき項目のみ挙げておきましょう。以下の要素を見るのが基本です。

・GDP成長率予測
・金融政策
・財政政策
・インフレ見通し（実質賃金上昇率）
・個人消費と設備投資

状況に応じて要因は異なってくるので、一概には言えませんが、基本的にはこれらの要素をチェックして総合的に見極めていきます。

【つながりから全体のトレンドをとらえるフレームワーク】

4地域の見通しを立てたら、各地域のつながりを考慮して、世界全体の構造的状況はどうなっているかをとらえます。そのときに、以下のポイントに留意します。

・何が何に影響を与えているか

たとえば原油安になると、どの国のどのセクター（産業）が打撃をこうむり、どの国のどのセクターが利益を得るのか、誰がどのように利益を得るのかの視点で考えます。

各地域で起こる事象がどこの地域のどの産業に影響を与えているか知っていると、ニュースを読んだときに、これがこうなると、これがこうなって……と世界全体や市場に与える影響を、すぐに頭の中で描けるようになります。

一つの地域のニュースを読んだとき、「へー、そうなの」で終わるのか、「その影響は？」と頭の中で思い描けるのか、それが金融リテラシー・情報リテラシーの高さを決める鍵になります。

・資源国、生産国、輸出国の関係性

同じ理由で、どの国がどの資源を生産し、その資源をどの国がどのように使っているか、などの関係性を見ることも重要です。

たとえばアメリカは、石油を中東の産油国から輸入してきた歴史があり、原油価格の動向はアメリカ経済に大きな影響を与えていました。しかし、近年シェールガスが自国で発掘され、自給自足が可能になったことで、中東、ＯＰＥＣの影響が少なくなりました。

その結果、米国が中東から軍隊の一部を撤退させたくなっている、というつながりが見えてきます。またバイデン政権になってからは、シェールガスの生産が温暖化対策で抑制されたので、中東情勢や原油の供給量は再びアメリカ経済に影響を与えるようになっています。このように、最近では政治の動向も経済や市場に大きく影響を与える要因としての重要度が以前より高まっています。

・サプライチェーンのつながり

現在、中国が世界中のサプライチェーンに組み込まれているため、中国経済の動向が世界経済に与える影響が大きくなっています。影響範囲は、その産業によって変わります。原材料や製造プロセスなど、中間工程を占めている産業もありますし、最終工程にかかわる産業もあります。このように、製造業やサービス業などが中国とどれだけ関わりがあるかを知っておくと、全体の見通しの精度が高まります。

・スマートマネーの動き

超富裕層やプロフェッショナル投資家がもたらすお金の動きのことです。

スマートマネーは膨大な資金を扱っているため、彼らの動きが株価に大きな影響を与えます。市場では、一般大衆よりも情報を早くつかむスマートマネーの動きが先行し、株価の動きが形成され、個人投資家はフォロワーとなって後追いせざるを得ない状況となっています。バブル崩壊時などに不利益をこうむるということもよく起こります。

個人投資家の私たちには、タイミングを計る投資は不利だとお伝えしていますが、これがその理由の一つです。

ここでは経済の見通しを立てるための簡単なフレームワークについてお伝えしました。金融市場の見通しについては基礎知識のみお伝えしましたが、実際に見通しを立てるためには、証券分析という知識も必要になります。

投資初心者にはすぐに必要ではありませんが、ポートフォリオ・マネジメントで経済的自立を達成するには欠かせない知識です。投資経験を積むのに合わせて、少しずつ身につけていきましょう。

第10章

やってはいけない！
投資の落とし穴

最終章では、「失敗する投資」についてお伝えします。どんな行動をすると失敗してしまうのか知っておけば、成功する確率を高めることができるでしょう。
紹介する13の落とし穴には、十分ご注意ください。

落とし穴1
チャートを読んで投資する

チャートは、テクニカル分析という過去の株価の値動きをもとに将来の株価の値動きを予測するトレーディングの手法で使います。トレーダーは売買タイミングでサヤを抜く（売値と買値の差で儲ける）仕事なので、タイミングが命です。

投資とは、形を変えてそのものの価値を高める行為です。「サヤを抜く」ことではありません。従って、トレーディングは投資ではありません。

投資する会社の事業に自分のお金を使ってもらって、その会社が上げた収益の一部を出資金へのリターンとして分配（配当金）を得ること、そのビジネスの結果、市場で高まった会社の価値をキャピタルゲイン（株価の上昇分）として享受することが投資です。

そのため投資には、会社の収益性や成長性、安全性、それらに影響を与える経済的環境が今後どうなっていくかといった、チャートではわからない定性的な企業の情報分析、そして、それらに対して今の株価が妥当かどうかの分析が必要なのです。

あなたが本当の意味で「投資」をしたい、資産形成をしたいと思うなら、トレーディングからは距離を置くことを私はオススメします。

落とし穴2 上がりそうなものを購入しておく

「上がりそうなファンドや銘柄」を探すということは、リターンを基準に選んでいることになります。リスクが管理できていないので、想定外の損失をこうむる可能性が高い投資をすることになります。

また、「これから上がりそう」なファンドや銘柄を選んでつくったポートフォリオでは、すべてが同じ動きをしてしまいます。負の相関の組み合わせにはなっていません。

負の相関にある組み合わせにするには、今後上がりそうなファンド（銘柄）と、今後下がりそうなファンド（銘柄）の両方を選ぶことになります。

リターンだけに惹《ひ》かれて、リスクのチェックをおろそかにしていないか確認したうえで、投資を行うことが大切です。

落とし穴3 高リターンを得るために、高リスクを取る

これは上級者がハマりやすい落とし穴です。「高いリターンを得るためにはとにかくリスクを高く取る必要がある」と思い込んでいる方がいます。

確かに、リスクとリターンは正の相関関係にあるので、短期間で高いリターンを得ようと思ったら、高いリスクを取ることが必要です。

しかし、高いリスクを取ったからといって、高いリターンが得られるとは限りません。

高いリスクを取るということは、期待より高いリターンになる可能性が高いのですが、期待より低いリターンになる可能性も高くなります。場合によっては元本割れをしたり、大きな損失をこうむったりすることもあります。

投資の初期の段階で大きな損失に見舞われてしまうと、元の金額に戻すまでに長期間を要し、かなり不利な状況に置かれます。また、元本が減るわけなので、複利の効果も半減します。

投資の目的が年齢とともに資産を増やすことにあるならば、資産運用も長期で考え、最初の数年は手堅く、少しずつリスクと期待リターンを増やしていくことが賢明です。

資産を最速で増やすためには、むしろ最初の6～7年は高いリターンはねらわず、リスクを限定し、ダウンサイドリスク（損失をこうむるリスク）を抑えて、複利の効果を最大にすることを目指すのがいいでしょう。

落とし穴4 投資信託はたくさん買っておく

投資信託には多くの種類があります。投資信託を複数保有することで、リスク分散効果が期待できます。しかし、前述したように数を多く持っているからといって、それだけでリスク分散ができているかというと、そうではありません。

たとえば「これから景気が回復していくから、上がりそうなファンドを買おう」という視点で複数を選んだ場合、正の相関関係にあるものばかりになってしまいます。これでは、分散効果は望めません。分散効果は負の相関関係にあるから期待できるのです。

分散が効いたポートフォリオを構築すれば、株式市場が30%下がったときでも、自分のポートフォリオは3%程度の下落で済んだというケースも少なくありません。

また世界株式指数に連動するファンド（世界の株式に投資をするファンド「オールカントリー」）を一つ持っていて、かつ米国に投資をするファンドや日本に投資をするファンドを持っている方もよくいらっしゃいます。

このケースでは、世界全体に投資をするファンドの中に米国と日本に投資するファンドも含まれていますから、同じものを重複して購入していることになります。

「重複して何が悪い」と言われるのですが、それはポートフォリオ・マネジメントを正確に理解していないから出てくる考えです。

ポートフォリオの運命（リターンをどれだけ上げられるか）は、「組み合わせ」と「配分」にかかっています。そして、リバランスで意図した配分を維持することがとても重要だとも解説しました。

投資先が重複してしまっていると、それができなくなってしまうのです。オールカントリーの中の配分は日々変わっています。日経平均もＳ＆Ｐの価格も日々変わっています。どちらのファンドも追って、合計をして、今米国と日本にどれだけの配分になっているのか把握し続けるのは至難の技です。追い切れずに、ポートフォリオの中の配分割合が意図したものと変わってしまい、リスク許容度を超えてしまう（コントロール不能に陥ってしまう）可能性が高いです。

ポートフォリオ・マネジメントは、制御不能になったら失敗します。**常に、何にどれだけの配分をしているのか把握し調整していくことが、投資の成功をもたらす**のです。

落とし穴5　リターンを高めるために、たびたび売買する

投資には目的があり、その目的によって最適な手法が変わります。目的と手法が一致しているかどうかも、投資を成功させるための必須要素です。

個人投資家のみなさんが投資を行う目的は、直近3カ月の投資成績を上げることではなく、老後にパッシブ収益で幸せに暮らす、すなわち経済的自立を達成することでしょう。ゴールまでの期間を短くしたい方でも、短期間での成績を上げることが目的ではないはずです。

市場変動があるたびに売買を繰り返すと、そのたびに手数料や税金などのコストがかかり、リターンを毀損《きそん》するため、長期的な資産形成に不利になります。

また、市場が下落しているときに慌てて売ってしまったり、どんどん上昇しているときに慌てて買ってしまったりという投資行動も、売買の回数を増やします。焦りという感情にまかせて売買をしている時点で望ましくありませんが、それによって無駄に売買が増えると、より資産構築を遅らせてしまいます。売買手数料がかかりますし（今は手数料無料という証券会社も出てきていますが）現金化した時点で、複利の効果は享受できなくなります。また、プラスのリターンが出ていれば、税金もかかります。

市場は右肩上がりに一直線に進むわけではありません。売られすぎ、買われすぎを繰り返しながら、長期で振り返ったらこの20年間、コンスタントに年平均6～8％のペースで成長してきたのです。

短期の市場変動からリターンを得ずとも、積立方式で買い増していけば、確実に結果を出せます。そのためには、極力売買を減らすことが大切です。

積み立てで毎月買い増し、一切売らない。それが、一番早く資産を構築する方法です。

落とし穴6 流行っているテーマに乗る

流行っているテーマとは、たとえば太陽光発電、再生エネルギー、エコ、宇宙関連など、今であればＮＦＴ、ＡＩ、半導体などでしょうか。これら新しいものに目がないという方は、要注意です。

ビジネスであれば先行者利益というものがありますが、こと投資に限ってはあまり先行者利益はありません。**凄腕経営者が投資で大失敗する例が後を絶たないのは、事業投資と同じように、金融投資も直感で新しいものにすぐに投資をしてしまうことが主な原因です。**

投資には洗練された戦略が必要です。鳴り物入りで登場した新商品が、何年かしたら急速に市場が萎《しぼ》んでしまったという例はよく見られます。新しい投資先や投資戦略が登場した際には、いろいろと煽《あお》って魅力的に見せ、買わせようとする人たちも出てきます。

それらのプラス面だけの情報に惹かれて、正体がわからないうちに手を出すと、ヤケドをする危険性があります。仮想通貨や太陽光発電などもそうでしたが、人が短期間に殺到するものは、その将来性や魅力を見極めて買いに来ている人だけが市場を形成しているのではありません。「なんとなく上がりそうだから」というだけで買いに来ている人も一定数います。それらの人たちは、何かのきっかけで価格が下がり始めたら、一気に引き上げます。流行りものは、下がるときには前触れなく急落するのです。

流行りのテーマは、正体がきちんとわかってくるまで待って、または、相場が安定するのを待って、必要なデータや情報が出揃ってから、その将来性を客観的に分析して参入しても遅くはありません。

ここで「自分が投資しなかった期間に随分と上がってしまった」「ノロノロしていたからその分を享受できなかった」と思ってしまうのであれば、それは、今すぐ収益を獲得したいと脳が「扁桃体」優位になっている証拠です。お伝えしたように、**投資は扁桃体優位な脳のままで行うと失敗します**。第4章を再読して、扁桃体優位の消費脳から前頭前野優位の投資脳に転換しましょう。

それでも初期の上昇に賭けたいのであれば、「コア・サテライト戦略」をオススメします。コア・サテライト戦略とは、コアの部分では自分のリスク許容度を外さずに安定したリターンの確保を目指し、サテライトの部分でリスク許容度を超えた対象への投資を楽しむ手法です。サテライトの部分は、5％以下など小さな配分にとどめてください。

落とし穴7
日本を投資先から外す

ここ数年、日本を投資先から外している方が非常に多くなっています。少子高齢化と労働人口の減少といった人口動態的な理由からです。

特に海外の投資ファンドを売っていたり仲介していたりする方々が、「早く資産をドルに移しておかなければ、日本円は紙屑《かみくず》になります」などと煽っています。

この結論は別の要素をまったく考慮していません。たとえば、日本には世界の既得権益者から世の中に出すことを封じられている、日本にしかない技術がたくさんあります。世界は今、人類史上まれに見る転換期を迎えています。その転換後には、日本の技術が世界に見出されていく可能性があるのですが、そのことはまったく考慮されていません。

また、2024年2月現在、先進国の中央銀行はインフレと景気後退懸念《けねん》の間で微妙な舵《かじ》取りを迫られており、利上げ局面に終止符が打たれたと見られています。米国で中央銀行の役割を果たしているFRBは、2024年も政策金利は高い水準で維持する必要性があるとの声明を発表しています。欧州も同じ状況です。そのような中、日本は先進国の中で唯一、量的緩和政策を維持していて、その効果を享受している国です。

さらに、これまで世界の投資家から見向きもされなかったおかげで、日本株の多くはいまだ割安に放置されています。世界のプロの投資家は、現金を持てる割合が決められています。多くても5%です。常に、どこかに資金を投資していなければならないのです。米国経済が景気後退に入るか、ソフトランディングかハードランディングかのはざまに置かれており、欧州はウクライナでの戦争、イスラエルの戦争など、地政学リスクに悩まされています。資産を配分できる先として、懸念事項が少ない日本にスポットが当たりやすい状況になっています。

私は数年前から、「日本を投資対象から外すな、資産を海外に逃すな」とお伝えしてきました。2023年の春には、ウォーレン・バフェットが日本の商社5社の株を購入したことをきっかけに、日本株が世界の株価の上昇を牽引《けんいん》しました。そして、2024年2月には史上最高値を更新する動きとなりました。全資産を海外に移してしまった方々は、この上昇を享受できなかったことになります。

株価を動かす要因は一つや二つではありません。どのファクターが株価を動かす要因になるかは、タイミングによっても変わってきます。新たなファクターが出てくる可能性は常に存在します。誰一人として事前には想定できていなかったことが、大きく株価を揺るがすことも少なくありません。

２０２０年初の段階で、コロナで社会がロックダウンすることを予測できた人がいたでしょうか。２０２２年初の段階で、ロシアがウクライナに攻め入ることを予測できていた人がいたでしょうか。

相場を動かす要因は、時に私たちの想像を超えます。謙虚になることが大切です。

落とし穴８
バリュエーション指標で銘柄を選ぶ

ＰＥＲやＰＢＲなど、その銘柄が割安か割高かを示す指標をバリュエーション指標と呼びます。バリュエーション指標で割安なものを選択する投資スタイルを、バリュー投資と呼びます。

しかし、バリュー投資であっても、本来は指標だけ見て銘柄選択をするわけではないことは知らない方が多いようです。バリュエーション指標は、投資判断のために必要な情報のほんの一部に過ぎません。

株価は、安ければ安く放置されている理由があります。今は何らかの理由で割安な価格で取引されているけれど、これからは市場がこの会社の価値に気づいて上昇していく。それを見抜くのがバリュー投資です。

バリュエーション指標で割安と示されているのは、現在の株価の割安性を表しているだけのことです。バリュー投資の成否を決めるのは、「これからどのようなことがあったら、現在割安に放置されているこの会社の価値に市場が気づいて、買われ始めるのかを見極める」眼力です。

ここが見極められなければ、「バリュートラップ」にはまってしまいます。バリュートラップとは、株価がずっと上がっていかず、ずっと割安に放置されたままの銘柄を保有し続けてしまうことです。

これが、バリュー投資はグロース投資より難しいと言われる所以《ゆえん》です。今現在の割安性をチェックするのは最初の一歩に過ぎず、その後の展開の見極めこそが重要なのです。

バリュエーション指標のランキング1位のものから買っていくようなことは、プロのバリュー投資家は絶対にしません。もしこの方法で投資をされている方や、過去にどこかでそのように教えられた方は、資産が増えない原因がここにある可能性もありますから、チェックしてみてください。

バリュー投資で、安値で放置されていた株価が値上がりしていくきっかけのことを「カタリスト」と呼びます。カタリストの見極めは、財務分析をして会社の安定性や成長性を調査したり、経営者に話を聞いたりして、まだ財務諸表にも現れていない「将来のカタリストの種」を調査していくことで可能になります。将来のことで実績値ではないので、それを表す指標はありませんし、財務諸表を見てもどこにも書かれていません。

企業やビジネスを取り巻く環境は常に変化しているので、定性分析でスクリーニングすることが、バリュー投資では特に重要になります。

定性分析の中にもさまざまな項目があります。例を挙げると、刻々と移り変わる外的環境にどう対応していくのか、経営陣に先見の明があるのか、競争力はどうか、配当政策など株主還元政策は一貫しているか、資本構成や資本効率には気を配っているか、人材開発や人的資本への投資など将来の成長をもたらす施策は取っているか、などがあります。

業界によっても見る項目は異なります。これらの定性分析を行わずして、定量分析だけで投資をする企業を決めるのは、バリュートラップに陥る可能性を高め、とても危険です。

将来的に投資信託だけでなく、個別銘柄への投資も見据えたいのなら、定量分析と定性分析、割安性の見極め、成長性の見極め、そして、それらに影響を与える「世界の投資環境の見通しの立て方」を総合的に学ぶことをオススメします。私が主催する人生デザイン構築学校では、これらを総合的に学ぶことができます。興味がある方は門をたたいてみてください。

▼人生デザイン構築学校

落とし穴9
知人からの口コミに乗る

ポートフォリオの見直しの相談にいらっしゃる方に、なぜこの銘柄やファンドを買ったかを聞くと「知人からのすすめで」という回答が多く返ってきます。自分より投資に詳しそうな知人にすすめられると、初心者の方はつい手を出してしまいがちです。

特に「この情報は、普通は手に入らない」「あなたにだから特別に教える」といった口上があったら要注意です。

良い案件であればあるほど、富裕層はまず自分の資産を投入するので、本当に良い情報が一般の投資家のところに回ってくることはありません。

また、紹介してくれた知人が信頼の置ける人だからと信用するのは危険です。その友人も騙《だま》されているかもしれないからです。相談にいらっしゃる少なくない割合の人から、「知人からのすすめで、リスクが高いとわからずに投資して大金を溶かした」といった話を聞きます。

誰かからすすめられたときは、どんな投資案件なのか、何がリターンの源泉なのかを自分でよく調べることが大切です。調べてもわからなかったら、バフェットの投資哲学を思い出してください。「自分が理解できないものは買わない」。この哲学が、あなたの資産を守ります。

落とし穴10
金融機関の相談窓口がすすめるものを買う

金融機関の相談窓口や営業担当者がすすめる商品は、その金融機関にとって利益が大きいもので、必ずしも投資家にとって最適な商品とは限りません。

また、売り出し期間中は金融機関にもノルマがあり、相談窓口に来たお客さん全員に、キャンペーンをしている同じファンドをすすめている場合もあります。

何度もお伝えしているように、**そのファンドが自分に合うかどうかは、自分のリスク許容度や資産総額、投資の目的、投資期間、今持っているポートフォリオの情報など、こまかい情報がなければ決定できない**ものです。全員に同じものをすすめている時点で、顧客にとって最適な商品をすすめていないことがわかります。

今は投資をするのに必要な情報は、すべてインターネットで入手できます。自分でファンドを選べるようになるための金融リテラシーを身につけていましょう。

落とし穴11 退職金や相続した大金を一気に投資する

退職金や相続した大金を一気に投資することは、避けたい投資行動の筆頭です。なけなしの退職金を全部投入して失ってしまった、という話を耳にすることがよくあります。それを避けるためにできることの一つが、「分散」です。動きの異なる（負の相関関係にある）複数の資産クラスに分散投資することで、一度に溶かす危険性を小さくできます。

ここまで、分散にもさまざまな切り口があることをお伝えしてきました。中でも時間の分散は、資産クラスの分散とともに、長期にわたり安定したリターンを確保できるとても有効な方法です。ここでは「時間の分散」のすごさを理解していただくために、「ドルコスト平均法」について詳しく説明しましょう。

退職金で「ドルコスト平均法」のメリットを享受

ドルコスト平均法とは、定期的に一定額の投資を行うことで、購入コストを可能な限り最小に抑え、効率のいい資産形成を目指す投資手法の一つです。

毎月同じ金額を投資していくため、価格が高いときには自動的に購入数が少なくなり、価格が下落しているときには自動的に購入数が多くなり、平均購入コストを下げることができます。

私たちは普段の買い物でも、高くなったら買うことを控え、安くなったらたくさん買っておこうとします。それと同じで、**投資でも安いときになるべくたくさん買い、高いときには買う数を減らすことで、平均購入コストを抑えられる**のです。

ドルコスト平均法は、自分で量を調整する必要はなく、結果としてそうなるところがポイントです。

たとえば、毎月ある投資信託に1万円投資すると決めたとします。

その投資信託の基準価格が2000円の月には5口買うことになります。

翌月、基準価格が1000円になったら自動的に10口買うことになります。

購入コストは（2000×5＋1000×10）／15で、1口あたり1333円です。

一方、一気に2万円分買った場合、基準価格2000円で10口を買ったことになり、購入コストは1口あたり2000円です。

２カ月に分けて毎月１万円ずつ購入することで、２カ月の平均購入コストは、最初に全額投入した場合に比べて６７７円下がりました。

また、最初に２０００円で購入して翌月に１０００円に下がった場合、全財産の２万円の価値が１万円に下がったことになりますが、２カ月に分けて購入した場合は、最初の月に投入した１万円は５０００円の価値になるものの、新たに投入した１万円分はそのままなので、全財産は１万５０００円と、最初に一気に購入したときより財産が多い状態になります。

このようにドルコスト平均法を使うことで、市場が大きく変動する局面においても資産を保全しやすくなります。

【ドルコスト平均法のメリット】

・定期的な投資であるため、自己判断によるタイミング選択が不要で、投資初心者でも手軽に始められる
・市場の変動性（上下の動き）が大きいときでも資産を保全しやすい
・長期的な投資に適しているため、老後の資産をつくりたい方に向いている

【ドルコスト平均法のデメリット】

・相場が一本調子で毎月上昇を続ける局面では、最初に一括で購入するほうがリターンが高くなる

・毎月投資をするので、何らかの理由があってできない月が出てしまった場合には、投資機会を失うことになる

・短期的に上昇率が高まったときには、その間、投資していない金額があることで、投資機会を100％享受できないことがある

ドルコスト平均法は短期投資には向きませんが、老後の資金づくりなど長期投資が目的であるならば、メリットのほうが大きくなります。そして、毎月の変動性（アップダウン）が激しければ激しいほどその魅力は高くなります。

退職金が2000万円入ったのであれば、1回で全額投資するのではなく、たとえば200万円ずつ10カ月かけて投資をすることで、ドルコスト平均法のメリットを享受できるでしょう。

落とし穴12
自動売買システムに頼る

ＡＩの技術進歩が一気に進み、さまざまな用途で活用され始めています。投資の世界でも、自動売買システムや自動ポートフォリオ構築など、ＡＩの力を借りた商品が出始めました。

しかし投資の世界に限っては、まだまだＡＩの構築するポートフォリオ、自動売買システムを使った運用は、人間のそれを上回る水準に達していないと感じています。

将来的には自動売買システムが人間を凌駕《りょうが》するのかもしれませんが、そうなったときでも、ＡＩが何をどう考えて売買したのか、それがわからずにまかせた状態だと、バフェットが警告している「わからないものを買う」のと同じ状態になります。

ＡＩが出してきた提案に対して、自分自身で市場の変動を分析し、時には拒否権を発動することができる、ＡＩに使われるのではなくＡＩを駆使する投資家になっていくことが、将来的には重要になるでしょう。

今後どんなにＡＩが発達しても、金融リテラシーを高めることは必要だと私は考えています。

落とし穴13 NISAは絶対にやる

これは驚かれることが多いのですが、NISAは誰でも絶対にやったほうがいいものではありません。運用目的や運用期間などで、条件によっては不利になる人もいますし、使い方を間違えるとやらないほうがいいこともあるので、注意が必要です。

よくある誤解は、NISAは投資商品だと思っていたというもの。NISAは投資商品ではなく「制度の名称」です。

NISAは、少額投資非課税制度の略称です。NISAの対象となっている投資商品に投資をしたら、利益に対してかかる税金が非課税になるというものです。

2024年1月からは新しいNISAが登場しました。

以下に、新NISAのメリットとデメリットをまとめましたので、参考にしてください。

新NISAのメリット

①年間の非課税投資枠が360万円に大幅増加

新NISAでは、年間に投資できる金額が増えました。2023年までのNISAは年間120万円、つみたてNISAは年間40万円が上限だったものが、新NISAでは最大360万円と大きく拡充されました。この内訳は、成長投資枠が年間240万円、つみたて投資枠が年間120万円です。

②非課税保有期間が無期限に

2023年までのNISAでは最長5年、つみたてNISAでは最長20年と決められていた「利益が非課税になる期間」が、新NISAでは無期限になり、これまでよりも長期的な投資が可能になりました。

③非課税保有限度額が1800万円（うち成長投資枠は1200万円）に拡大

新NISAでは、利益が非課税になる資産額が増えました。2023年までのNISA

は600万円（年間120万円×5年間）、つみたてNISAは800万円（年間40万円×20年間）が非課税となる総額でしたが、新NISAでは1800万円まで大幅に引き上げられました。このうち、成長投資枠で投資できるのは最大1200万円まで。これにつみたて投資枠600万円も活用すると、最大1800万円までの枠があります。成長投資枠でもつみたて投資はできるので、積み立てにして両方の限度額まで全部使うと、非課税枠を最大に活用できます。

ただし、以下の商品は成長投資枠の対象商品から除外されています。

・整理、監理銘柄に指定されている上場株式
・毎月分配型の投資信託
・高レバレッジ型の商品
・信託期間20年未満の投資信託

これをデメリットとして挙げている方もいますが、私は朗報だと思っています。なぜなら、これらは長期投資のポートフォリオには入れたくない商品だからです。

毎月分配型の投資信託がオススメできない理由

毎月分配型の投資信託は、毎月分配がもらえる点が人気を集めていますが、長期投資に向きません。投資は、今のキャッシュフローを豊かにするために行うものではありません。手元の資金の価値を高めることが投資であり、資産運用です。１００万円投資して、リターンが10％の10万円だったとして、そのうち3％を分配金として支払われてしまったら、再投資できるのは7％、7万円分に減ってしまいます。

この3万円の差が、10年後、20年後に大きな資産価値の差を生み出すことになります。払い出してしまった3万円分は、複利の効果を享受できなくなってしまうためです。

資産を増やすことを目的に投資をしているのに、分配金をもらってしまったら、手元のキャッシュフローを増やす結果になり、それで喜んで使ってしまえば、本来の目的の「資産を増やす」ことから遠ざかってしまいます。

リターンから分配金を払えるうちはまだいいのですが、時期によっては、約束した分配金をカバーするのに十分なリターンを達成できないこともあります。3％分配金出しますと謳《うた》っていても、リターンが1％だったらどうでしょうか。2％分が分配原資として足りません。これをどこから持ってくるかというと、元本を取り崩して支払います。もともと自分のお金で、しかも投資として差し出したお金なのに、毎月それが支払い原資として使われている。その分、資産は減っている。そんな状況になっている投資信託も少なくありません。しかし、それには気づかず、分配金が出たら喜んでそれを使ってしまう。それは投資のリターンではなく、もともと自分のお金です。

このような理由から、分配金型の投資信託は長期投資に向かないので除外されました。理にかなった改正だと思います。

高レバレッジ商品がオススメできない理由

高レバレッジ商品についても、資産づくりが目的の長期投資には向かないので、新NISAの対象商品から外されたことは朗報だと思っています。熟練投資家にとっては改悪だとの意見もあるようですが、そもそも高レバレッジの仕組みを理解している投資家はそういないと思います。

高レバレッジの仕組みは、先物やオプションなどのデリバティブズと呼ばれる手法を含む金融工学を駆使してつくられています。これらを理解している投資家は少ないです。

理解していないものを、「期待リターンが高いから」という理由で買っている人が本当に多いと感じます。高レバレッジ商品は、自称・投資上級者の方が投資をする傾向にあります。投資上級者を自認されている方で、もし高レバレッジ商品に投資をしている方がいたら、中身の仕組みを理解しているのかを確認することをオススメします。

高レバレッジ商品で特に多い仕組みが、低リスク・高リターンをねらっているものです。たとえば「日経平均が2万7000円を下回らない限り、変動性はわずか数％です。低リスクでしょ」というものです。そして「今さら2万7000円にはなりませんよ」との説明が加えられます。

本書を執筆している2024年2月中旬現在、日経平均は3万8000円近傍で動いています。およそ30％下落したら2万7000円になります。リーマン・ショックの際には、株式は軒並み40％を超える下落となりました。「なりませんよ」の金額をあっさり割り込んでしまったのです。

このとき高レバレッジ商品を買っていた人たちは、「低リスクと言ったじゃないか、聞いてないぞ」となって、消費者センターに駆け込みました。しかし、「しっかりリスクは説明しましたよ」と言われて門前払いです。

実際、消費者センターに持ち込まれる投資に関する相談事の多くが、デリバティブズを使った高レバレッジ商品に関するものだそうです。多くの方が、なぜ低リスク・高リターンが可能なのか、理由がわからないまま買っていることの証左《しょうさ》です。

飛びつきたいほどリターンが高いのには、何かしらの理由があるはずです。「なぜ、そんなに高くできるのか」を理解してから買う必要があります。

新NISAでは、対象商品から除外されているので安心です。NISAを通さず、課税口座で選ぶ場合には本当に注意が必要です。

新NISAのデメリット

①損益通算や繰越控除ができない

NISA以外の課税口座では、投資で損失が出た場合に他の利益と相殺する「損益通算」ができます。100万円利益が出ていて、30万円の損失が出たら、課税所得は70万円で済みます。

一方、NISA口座では、利益が出ても、利益がなかったと扱われて税金がかからないようになっているので、損をした場合も損はなかったこととして扱われます。そのため、

ＮＩＳＡ口座で損失が出ても、他の利益と相殺する損益通算ができません。

また課税口座では、確定申告で損失を最長3年間繰り越して、翌年以降の利益から控除できる「繰越控除」の制度がありますが、これもＮＩＳＡ口座では使えません。

これらは、これまで課税口座を使ってきた投資家の方々にとっては、デメリットになるでしょう。

②自分で選択する選択眼が求められる

新ＮＩＳＡからは毎月分配金があるファンドや高レバレッジのファンドは除かれましたが、高配当ファンド、高配当株、ＩＰＯ投資などは選択可能な投資対象となっています。

これらも分配金と同じ理由で、長期投資には選択しないほうがよく、初心者には扱うことが難しい商品です。


新ＮＩＳＡの成長投資枠での運用先としてすすめられることが多いので、自分の目的に合っているのか、自分で判断する必要があります。老後の資産構築が目的なら、目的に合っていないと言っていいでしょう。

新NISAを利用する場合も、リスク許容度を超えないように

新NISAの投資対象商品の中には、アクティブファンドもパッシブファンドも含まれています。この違いがわからずにポートフォリオに組み込んでしまうと、知らない間に自分のリスク許容度を超えるポートフォリオになってしまったり、運用会社に支払う信託報酬が高くなったり、知らない間に払い続けてしまったりということが起こります。

買おうとしているのはアクティブかパッシブのどちらなのか、また、アクティブであればどこにリターンの源泉があるのか（グロース株に投資するなら企業の成長がリターンの源泉、バリュー株に投資するなら割安な状態から脱することがリターンの源泉です）をしっかり自分で見分けられるだけの知識が必要です。

見分けるだけでなく、どちらが自分にとって必要な投資なのかを判断できるだけの知識も必要になります。新NISAを始めるにせよ、勉強せずに投資をするのは本当に危険です。世間やネット上の評判がいいからという理由で、安易に商品を選ばないようにしましょう。

その投資商品のリスク・リターン特性と、リスクが自分のリスク許容度内であるかどう

かを確認することを忘れないでいただきたいと思います。

ここで挙げたのは新ＮＩＳＡの一般的なメリットとデメリットです。家族構成や年齢など、それぞれの状況によっても変わってきます。自分のケースではどうなのかを確認することが大切です。

ファイナンシャル・プランナーでも、このような相談に乗れる人ばかりではありません。相談するときは、投資理論を勉強したことがあり、それをしっかり理解していて、ポートフォリオ運用の知識と実績が豊富な方に依頼しましょう。投資の世界は医療業界と同じで、情報の非対称性が高い領域です。誰から教わるかが明暗を分けます。

おわりに

最後までお読みいただき、ありがとうございました。

本書は、プロの投資家が実践している「ポートフォリオ・マネジメント」という資産形成手法を、個人投資家のみなさんにお伝えするために執筆しました。

ポートフォリオ・マネジメントを正しく実践すれば、経済的自立も夢ではないことをご理解いただけたと思います。

最後に、あらためてみなさんに考えていただきたいことがあります。

「あなたが資産形成をする目的はなんですか？」

経済的自立をするためだとしたら、

「なぜ、あなたは経済的自立をしたいのですか？」

経済的自立を達成すれば、一生お金の不安がなく、幸せに楽しく、苦労なく生きていけると考えるからでしょうか。

でも、本書の第1部を思い出してください。

経済的自立をして早期リタイア（ＦＩＲＥ）をしたとしても、それは必ずしも幸せへの切符を手にしたことにはならないのでした。

いくら資産を構築しても、それを取り崩していく晩年になってしまったら、お金の不安はなくならず、むしろ年齢を重ねるごとに不安が増えていきます。

また早期リタイアによって「何のプロでもなくなる」ことは、幸せから遠ざかる原因にもなり得ます。人間は、自分の価値観に合っている仕事（活動）、楽しく働ける仕事、人生のミッションだと思える仕事をしているときに、幸せを感じるからです。

だからこそみなさんには、経済的自立後も仕事はリタイアしない生活、「バリューＦＩＲＥ」を目指してほしいと提案させていただきました。

経済的自立後も働きながら投資を続ければ、アクティブ収入とパッシブ収入のダブルインカムになり、資産は加速度的に増えていきます。人生の最後まで、資産が枯渇するという不安に苛《さいな》まれず、子どもや孫に頼らない自立した毎日を歩んでいけるでしょう。

これを実現するためには、できるだけ早い段階で「価値観に合った仕事」に就くことです。価値観に合った仕事に転職するか、起業するか、今の仕事にそれを見出すか、手法はなんでもかまいません。それと同時に、ポートフォリオを構築して資産運用を行います。

経済的自立を達成したときに、それでも「働き続けたい！」と思える仕事を持っていれば、あなたの晩年は経済的にも精神的にも豊かなものになるでしょう。

自分が価値を感じ、才能を発揮でき、やっていて楽しいと感じること。お金のためではなく、やりたいからやる、そんな人生にしていきましょう。

私は2011年にステージ4のがんから回復したのち、残りの人生を「価値観を軸に、もっと才能を生かす人生を、自分でデザインして生きる生き方を日本に広める」ことを自分のミッションにすると決意し、独立起業しました。アラフィフでそれができたのは、経済的自立をしていたからです。

たった一度の人生です。

ぜひあなたも、ポートフォリオ・マネジメントを続けながら、生涯かけて取り組みたいミッションを見つけていただければと思います。

2024年2月　高衣 紗彩

Special Thanks to 出版応援グループのみなさん

ホール美貴さん／位田美枝さん／井上友美さん／井上裕実さん／井上翔太さん／稲吉香波さん／稲葉みゆきさん／宇都宮春菜さん／卯花竜也さん／永井隆弘さん／奥野令子さん／横山記代さん／岡崎道子さん／下村珠世さん／加藤進さん／家崎綾子さん／花井紫苑さん／丸屋賢晃さん／丸地典利さん／岸田佳子さん／紀伊貴子さん／菊池啓子さん／宮本悠里さん／宮本理恵さん／金子葉子さん／御影石千夏さん／国吉佐知子さん／佐藤憂穂さん／坂口美幸さん／三田村恵美さん／山本陽子さん／市川やすこさん／若宮重則さん／秋山ユカさん／小嶋浩子さん／植村ゆかさん／新井祐太さん／森恵子さん／森直子さん／神本孝治さん／須山玲香さん／生岾佳奈さん／西郷暁美さん／西山美之さん／青柳京子さん／千葉順子さん／前田薫さん／村井英志さん／大西智子さん／大倉聡明さん／大津庸子さん／大塚明子さん／大田美紀子さん／大部真美さん／沢田恵子さん／谷津かおりさん／谷本理恵子さん／竹下かこさん／中原嘉彦さん／中西美穂さん／中村功さん／中谷光代さん／中馬悦子さん／中本里美さん／仲川よしのさん／長谷川貴子さん／田井克樹さん／田邉裕貴さん／渡辺里奈さん／渡辺千春さん／渡辺里奈さん／土井裕子さん／土谷麻那さん／東山知帆里さん／藤岡典子さん／飯田珠紀さん／福島亜季さん／北山より子さん／本田由美さん／務台祐太郎さん／野村早苗さん／林哲郎さん／廣瀬義啓さん／澤飯真紀さん／井上翔太さん／齋藤直哉さん／花井紫苑さん／澤田りよさん／松野麻由子さん

高衣 紗彩（たかごろも・さあや）

株式会社ミッション・ミッケ人生デザイン研究所® 代表取締役
一般社団法人 人生デザインアカデミー協会® 代表理事
人生デザイン構築学校® 学長
金融リテラシー向上ゼミ 主催

香港の金融機関でアジアの産業調査に6年携わったのち、英国でMBAを取得。帰国後は外資系の証券会社および資産運用会社で、株式（財務）分析・経済分析・機関投資家向けの4000億円規模のファンド運用などに20年以上従事した。

部下のやる気を引き出すために心理学、人間行動学、脳科学、各種コーチング手法等を学び、自分なりにマネジメントに取り入れたところ、驚くほどの自主性が発揮されてパフォーマンスが上がり、リーマン・ショック時に自ら率いる部のリストラを100%回避。その実績の再現性を高めるべく、人間行動学の世界的権威、Dr.ディマティーニに師事。研究領域を形而上学、価値観学、目的論、存在論といった哲学領域まで拡大した。

2011年にがんを患うものの、ステージⅣから抗がん剤治療を拒否して回復。残りの人生を「価値観を軸に、もっと才能を生かし、生き方を自分でデザインする方法を、日本の将来を担う若きビジネスリーダーに伝授する」ことに捧げると決意し、2013年に退職して独立。

人間行動学の観点から、自身のポートフォリオ・マネジメントの経験を分析し、個人投資家向けにアレンジした「安心安全に資産を増やすポートフォリオ・マネジメント」を教えている。

ポッドキャスト「人生戦略会議〜人生を豊かにする時間とお金の幸せな選択〜」は毎月57,000人がダウンロード。Clubhouse、YouTube等でも、他では学べない真理が学べると多くの視聴者から好評。2015年に創設した『人生デザイン構築学校®』では、2024年3月末時点で672名の卒業生を輩出している。

株式会社ミッション・ミッケ人生デザイン研究所®
https://missionmikke.com

人生デザイン構築学校®
https://missionmikke.com/school/jds/
真の価値観に合った仕事で幸せに働きつつ、「モダン・ポートフォリオ理論」に基づくプロの投資手法「ポートフォリオ・マネジメント」を用いて安心安全に資産を増やしていく。――そんな「不安から解放された納得する人生」を自分の手でデザインし、精神性を向上させながら実現していく著者オリジナルの「人生デザイン構築メソッド®」を伝える学校。

ポートフォリオ・マネジメントで一生お金に困らない人になる!
2024年4月15日　第1刷発行

著　者　高衣 紗彩
発行者　徳留 慶太郎
発行所　株式会社すばる舎
〒170-0013 東京都豊島区東池袋3-9-7 東池袋織本ビル
TEL　03-3981-8651(代表)　03-3981-0767(営業部)
FAX　03-3981-8638
URL　https://www.subarusya.jp/

出版協力　中野 健彦(ブックリンケージ)
編集協力　堀田 孝之
ブックデザイン・装画　大塚 さやか
校　正　川平 いつ子
編集担当　菅沼 真弘(すばる舎)

印刷・製本　中央精版印刷株式会社

ISBN978-4-7991-1222-9